Learn French With Short Stories Parallel French & English Vocabulary for Beginners

The Adventures of Clara Begin: A New Chapter in France

French Hacking

Copyright © 2024 French Hacking

All rights reserved. No part of this publication may be reproduced, distributed or transmitted in any form or by any means, including photocopying, recording, or other electronic or mechanical methods, without the prior written permission of the publisher, except in the case of brief quotations embodied in critical reviews and certain other non-commercial uses permitted by copyright law.

Trademarked names appear throughout this book. Rather than use a trademark symbol with every occurrence of a trademarked name, names are used in an editorial fashion, with no intention of infringement of the respective owner's trademark. The information in this book is distributed on an "as is" basis, without warranty. Although every precaution has been taken in the preparation of this work, neither the author nor the publisher shall have any liability to any person or entity with respect to any loss or damage caused or alleged to be caused directly or indirectly by the information contained in this book.

"One language sets you in a corridor for life. Two languages open every door along the way."

- Frank Smith

French Hacking

French Hacking is a revolutionary educational language learning company focused on teaching individuals how to learn French in the shortest time possible. Our mission is for our students to develop a command of the French language by utilizing the hacks, tips, and tricks included in the learning materials we create. We want our students to become confident in their speaking abilities as they advance their conversational skills by teaching what's necessary without having to learn the finer details that don't make much of a difference or aren't even used in the real world.

Unlike our competitors, who have books geared toward multiple languages, our language learning books are dedicated exclusively to learning French. Our focus on only one language allows us to truly concentrate on creating superior educational materials.

Our books are created by native French speakers and then put through a vigorous editing process with two more native French editors and proofreaders to ensure the highest quality content. Rest assured that you are learning proper grammar and syntax as you read through our books.

The unique formatting of our books will give you the best experience possible as you learn French! The bilingual English and French text appear side-by-side for easy reference without needing a dictionary. With fun images for each chapter, you will better visualize the scenes within the story and stay engaged. Reading is an immersive experience, and we want to make learning fun and enjoyable.

There are no other books like ours on the market. Let us help accelerate your journey to learn French with our fun and effective educational materials that make learning French a breeze!

About this book

This book offers a distinctive approach to mastering French through an immersive experience, blending delightful storytelling with a practical learning format.

As you embark on this adventure, you will notice that each chapter is presented twice: once in French alone and once in parallel text with side-by-side translations, featuring the original French text alongside its English counterpart. Our goal is to provide you with an authentic and engaging way to learn French as it is spoken and written.

We want to highlight that the English translations are crafted from the original French, focusing primarily on conveying the meaning and essence of the text. This means that, at times, the translations might not follow the typical structures or idioms of standard English. Such instances are intentional, aiming to give you a deeper understanding of the French language, including its unique expressions and nuances.

This method encourages you to think in French, rather than simply translating words. As you progress through the stories, you will find yourself naturally grasping the French language, appreciating its beauty, and understanding its context more clearly.

Who's it for?

This book is written for students who are just starting out, all the way to intermediate French learners (if you're familiar with the Common European Framework of Reference - CEFR, it would be the equivalent to A1-B1).

Why you'll enjoy this book

- Not a kid's story, they have too many wizards and animals that you don't use in everyday speech.
- The story line is interesting and something you can relate to, unlike children's books.
- There is relevant vocab you can use right away which will motivate you to read more.
- No dictionary needed as there are easy to follow translations next to each paragraph.

How to get the most out of this book

1. Read the chapter all in French and see how much you can pick up on.
2. Read the side by side French/English section to fill in any gaps you weren't able to understand.
3. Download the audio and have a listen.
4. Listen to the audio while simultaneously reading the story.

BONUS!

Enhance your learning experience with a complimentary Audiobook and PDF of this book! Discover the details on the back page.

Table of Contents

Let's meet our characters! 1
1. Prête pour le grand départ ! 2
2. Rencontrer la famille et s'installer 14
3. Premier jour à la fac, premiers cours ! 26
4. Déjeuner et premières rencontres avec les amis 39
5. Premier week-end en famille et entre amis 51
6. La célébration de l'Épiphanie 64
7. Partiels du premier semestre : révisions et stress 76
8. Restaurant entre amis pour fêter la fin des examens 88
9. L'anniversaire du frère ainé de Céline 101
10. Monter à Fourvière et après-midi cocoon 113
Bonus 1 123
Bonus 2 125
Answers 136

Let's meet our characters!

The French family:

1. Prête pour le grand départ !

Nous voilà au début d'une grande aventure : le voyage d'une jeune adulte en terre **inconnue**. La plus belle période de la vie d'une jeune femme, **selon** certains, la période de la **liberté**, les études, les **rencontres**, les **découvertes**. Nous allons suivre les aventures de Clara, cette adorable jeune américaine fascinée par la France. Elle va **réaliser** son rêve : partir vivre à l'étranger, et, encore mieux, elle va partir en France.

Laissez-moi vous présenter notre héroïne : Clara a 17 ans. Clara est grande, **plutôt** jolie, assez fine, elle a les yeux noisette et les cheveux bruns et raides. **Surtout**, elle est très **souriante**, et elle a beaucoup de rêves. Les rêves d'une jeune adulte qui veut découvrir le monde…

Inconnu (adjectif) : unknown
Selon (préposition) : according to
Liberté (f) (nom commun) : freedom
Rencontre (f) (nom commun) : meeting
Découverte (f) (nom commun) : discovery
Réaliser (verbe) : to fulfill a dream (in this context)
Plutôt (adverbe) : rather

Surtout (adverbe) : especially
Souriant (adjectif) : smiley, cheerful

Clara est américaine. Elle a **grandi** à New York dans une famille modeste et attentionnée, entourée de l'amour de ses parents et de son frère Jason. À l'école, elle était **assez** bonne élève ; elle n'était pas première de la classe, mais pas dernière non plus. Elle aimait la géographie, l'histoire et le français. Elle étudie le français **depuis** le collège, et elle a un **rêve**. Ce rêve n'est pas fou : elle veut juste aller à Paris, voir la Tour Eiffel, boire des cafés sur les terrasses **ensoleillées** et se promener au jardin du Luxembourg…

Après le lycée, elle a commencé l'université. Elle étudie les sciences humaines : l'histoire de l'art, la littérature, les langues, et elle **souhaite** s'orienter vers la communication. C'est sa première année et, quand elle a découvert que son université avait un **partenariat** avec les universités européennes, elle a **tout de suite** regardé s'il était possible d'aller en France.

Grandir (verbe) : to grow
Assez (adverbe) : enough, sufficiently
Depuis (préposition) : since
Rêve (m) (nom commun) : dream
Ensoleillé (adjectif) : sunny
Souhaiter (verbe) : to want, to wish
Partenariat (m) (nom commun) : partnership
Tout de suite (locution adverbiale) : immediately, straightaway

Bon, ce n'est pas Paris… Mais elle a candidaté à Lyon, et elle a été acceptée. Elle va **être accueillie** dans une famille française, avec une **jeune** femme de son âge, Céline. Elle va habiter en France pendant toute une année ! Aller à l'université, découvrir la culture, manger français tous les jours, voyager dans le pays, **se faire de** nouveaux **amis**, et – elle espère – parler couramment français à la fin !

Alors voilà. C'est **Noël**, et Clara pense **constamment** à son grand départ. Cette nouvelle aventure va lui apprendre tant de nouvelles choses. Bien sûr, elle est un peu nerveuse… Très nerveuse, **en réalité**. C'est surtout son **niveau** de langue qui l'inquiète ! Elle fait du français depuis **longtemps** à l'école, mais en classe, ils ne parlent pas beaucoup… Et si elle n'arrivait pas à parler ? Et si elle ne comprenait **rien** à l'université ? Et si… et si elle ne se faisait pas d'amis ?

Être accueilli (locution verbale) : to be welcomed
Jeune (adjectif) : young
Se faire des amis (locution verbale) : to make friends
Noël (m) (nom propre) : Christmas
Constamment (adverbe) : constantly
En réalité (locution adverbiale) : in reality, in fact
Niveau (m) (nom commun) : level
Longtemps (adverbe) : a long time, for a long time
Rien (pronom indéfini) : nothing

Elle a pris son billet d'avion et elle part le premier **janvier**. Quelle belle **façon** de commencer l'année ! Clara essaie d'oublier son stress, et elle prépare ses bagages. Des habits d'hiver car on lui a dit qu'il va faire froid. Pour le printemps, elle **fera du shopping** ! Quelques livres, son dictionnaire de français, ses cours de l'université. Ses affaires de toilette, son ordinateur, bien sûr, son téléphone et ses chargeurs, et **puis** son appareil photo. Et, **naturellement**, des cadeaux pour sa famille d'accueil : des chocolats, des t-shirts, des petites choses… Elle ne connaît pas encore les membres de la famille et ce n'est pas facile de choisir !

À l'aéroport, c'est la grande émotion ! Sa famille est venue avec elle bien sûr, et Clara **pleure** dans les bras de sa mère. Elle n'est jamais partie aussi **loin** de sa famille et aussi longtemps ! Sa mère lui offre un pull confortable et chaud : « comme ça, tu n'auras pas froid et tu penseras à moi quand tu seras là-bas ! », lui dit-elle.

Janvier (m) (nom commun) : January
Façon (f) (nom commun) : way
Faire du shopping (locution verbale) : to go shopping
Puis (adverbe) : then
Naturellement (adverbe) : naturally
Pleurer (verbe) : to cry
Loin (adverbe) : far away

Mais, une fois dans l'avion, Clara **se détend**. Elle sait qu'à l'arrivée, une famille va l'attendre pour **prendre soin d'**elle et lui faire découvrir ce beau pays. Le **vol** est long ! Une escale à Munich, et hop ! Lyon. Par le **hublot**, elle regarde les montagnes. Ce sont les Alpes. C'est vraiment très beau… Peut-être qu'elle **aura la chance d'**aller faire du ski ? Clara rêve en regardant par la fenêtre, et en quelques minutes, elle oublie que l'avion est en train d'atterrir… Le sol

français, enfin !

Après avoir passé la **douane**, montré ses papiers, son visa d'étudiante, récupéré ses bagages, elle sort au terminal des arrivées… Et sa nouvelle famille l'**attend**, avec une grande **pancarte** et son nom écrit dessus !

Bienvenue en France, Clara ! Elle est très **émue**. Pour la première fois, elle rencontre Céline et sa famille d'adoption : ses deux parents, son grand frère et son petit frère. **Tout le monde** semble très heureux de faire sa connaissance. Céline lui parle un peu en anglais, mais Clara essaye de répondre en français… Et c'est difficile !

Se détendre (verbe) : to relax, to calm down
Prendre soin de (locution verbale) : to take care of, to look after
Vol (m) (nom commun) : flight (in this context)
Hublot (m) (nom commun) : plane window
Avoir la chance de (locution verbale) : to have the opportunity to
Douane (f) (nom commun) : customs
Attendre (verbe) : to wait
Pancarte (f) (nom commun) : sign
Ému (adjectif) : touched, filled with emotion
Tout le monde (locution) : everybody

Après de rapides présentations, ils entrent en voiture et vont vers le centre ville de Lyon. Sur la **route**, Clara découvre d'abord la campagne française. « L'aéroport est loin de la ville, » lui **explique** la mère de Céline. Quarante minutes plus tard, ils sont en ville. Clara regarde avec **émerveillement** les immeubles anciens, les petites rues et les cafés **charmants**. C'est drôle, ça ressemble à l'image que Clara se fait de Paris ! Les boulangeries, les cafés, les petits restaurants… Tout lui **semble** si… si français !

Dans la voiture, la famille lui parle beaucoup. Elle lui explique les projets pour les jours à venir. C'est le week-end, on va faire un bon **repas**. Le lundi, elle va aller à l'université avec Céline. Le **bâtiment** est très beau, elle verra. C'est près du fleuve. Est-ce que Clara connaît quelque chose de Lyon ? Il y a deux rivières, le Rhône et la Saône. Ah, oui, le Rhône, comme le Côte du Rhône ! Est-ce que Clara aime le vin ? Oh, elle n'en a jamais bu beaucoup…

Et les voici arrivés. Le père de Céline **porte** ses bagages jusqu'à l'appartement. Il est au troisième **étage** d'un immeuble haussmannien, sur la rue Constantine

près de la place des Terreaux… Elle va pouvoir visiter le centre, mais **d'abord**, découvrir l'appartement et apprendre à connaître sa nouvelle famille…

Route (f) (nom commun) : road
Expliquer (verbe) : to explain
Émerveillement (m) (nom commun) : amazement, astonishment
Charmant (adjectif) : lovely, charming
Sembler (verbe) : to seem
Repas (m) (nom commun) : meal
Bâtiment (m) (nom commun) : building
Porter (verbe) : to carry
Étage (m) (nom commun) : floor
D'abord (adverbe) : first, firstly

Questions (Chapitre 1)

1. Quelles études fait Clara à l'université ?
a) Les maths
b) Les sciences humaines
c) Le droit
d) Les arts plastiques

2. Combien de temps Clara va-t-elle passer en France ?
a) 6 mois
b) 2 ans
c) 10 mois
d) 1 an

3. Qu'est-ce que la mère de Clara lui donne avant de partir ?
a) Une photo de famille
b) De l'argent
c) Un pull confortable et chaud
d) Un journal intime

4. Qui accueille Clara à l'aéroport ?
a) Céline, ses deux parents, son grand frère et son petit frère
b) Les parents de Céline
c) Céline seulement
d) Céline et ses deux parents

5. L'une des affirmations suivantes n'est pas correcte :
a) Céline et sa famille habitent à Lyon sur la rue Constantine
b) À Lyon, il y a deux rivières principaux, le Rhône et la Saône
c) Les immeubles à Lyon sont plutôt modernes
d) L'aéroport de Lyon est loin de la ville

1. Prête pour le grand départ !

Nous voilà au début d'une grande aventure : le voyage d'une jeune adulte en terre inconnue. La plus belle période de la vie d'une jeune femme, selon certains, la période de la liberté, les études, les rencontres, les découvertes. Nous allons suivre les aventures de Clara, cette adorable jeune américaine fascinée par la France. Elle va réaliser son rêve : partir vivre à l'étranger, et, encore mieux, elle va partir en France.

Laissez-moi vous présenter notre héroïne : Clara a 17 ans. Clara est grande, plutôt jolie, assez fine, elle a les yeux noisette et les cheveux bruns et raides. Surtout, elle est très souriante, et elle a beaucoup de rêves. Les rêves d'une jeune adulte qui veut découvrir le monde…

Clara est américaine. Elle a grandi à New York dans une famille modeste et attentionnée, entourée de l'amour de ses parents et de son frère Jason. À l'école, elle était assez bonne élève ; elle n'était pas première de la classe, mais pas dernière non plus. Elle aimait la géographie, l'histoire et le français. Elle étudie le français depuis le collège, et elle a un rêve. Ce rêve n'est pas fou : elle veut juste aller à Paris, voir la Tour Eiffel, boire des cafés sur les terrasses ensoleillées et se promener au jardin du Luxembourg…

1. Ready for the big start!

Here we are at the start of a great adventure: a young adult's journey into an unknown land. The most beautiful period in a young woman's life, according to some, the period of freedom, studies, encounters and discoveries. We follow the adventures of Clara, an adorable young American fascinated by France. She's about to make her dream come true: she's going to live abroad, and even better, she's going to live in France.

Let me introduce you to our heroine: Clara is 17 years old. Clara is tall, rather pretty, quite slim, with hazel eyes and straight brown hair. Above all, she has a big smile and lots of dreams. The dreams of a young adult who wants to discover the world…

Clara is American. She grew up in New York in a modest, caring family, surrounded by the love of her parents and her brother Jason. At school, she was a pretty good student; she wasn't top of the class, but she wasn't last either. She loved geography, history and French. She's been studying French since middle school, and she has a dream. It's not a crazy dream: she just wants to go to Paris, see the Eiffel Tower, drink coffee on sunny terraces and stroll through the Luxembourg Gardens…

Après le lycée, elle a commencé l'université. Elle étudie les sciences humaines : l'histoire de l'art, la littérature, les langues, et elle souhaite s'orienter vers la communication. C'est sa première année et, quand elle a découvert que son université avait un partenariat avec les universités européennes, elle a tout de suite regardé s'il était possible d'aller en France.	After high school, she started university. She studied the humanities: art history, literature, languages, and wanted to go into communications. This is her first year, and when she discovered that her university had a partnership with European universities, she immediately looked into the possibility of going to France.
Bon, ce n'est pas Paris… Mais elle a candidaté à Lyon, et elle a été acceptée. Elle va être accueillie dans une famille française, avec une jeune femme de son âge, Céline. Elle va habiter en France pendant toute une année ! Aller à l'université, découvrir la culture, manger français tous les jours, voyager dans le pays, se faire de nouveaux amis, et – elle espère – parler couramment français à la fin !	Well, it's not Paris… But she applied to Lyon, and was accepted. She'll be staying with a French family, along with a young woman her own age, Céline. She'll be living in France for a whole year! Going to university, discovering the culture, eating French food every day, traveling around the country, making new friends, and - she hopes - speaking fluent French at the end!
Alors voilà. C'est Noël, et Clara pense constamment à son grand départ. Cette nouvelle aventure va lui apprendre tant de nouvelles choses. Bien sûr, elle est un peu nerveuse… Très nerveuse, en réalité. C'est surtout son niveau de langue qui l'inquiète ! Elle fait du français depuis longtemps à l'école, mais en classe, ils ne parlent pas beaucoup… Et si elle n'arrivait pas à parler ? Et si elle ne comprenait rien à l'université ? Et si… et si elle ne se faisait pas d'amis ?	So here it is. It's Christmas, and Clara is constantly thinking about her big departure. This new adventure is going to teach her so many new things. Of course, she's a little nervous… very nervous, in fact. What worries her most is her language level! She's been taking French at school for a long time, but in class, they don't talk much… What if she can't speak? What if she can't understand anything at university? What if… what if she doesn't make any friends?
Elle a pris son billet d'avion et elle part	She's booked her plane ticket and is

le premier janvier. Quelle belle façon de commencer l'année ! Clara essaie d'oublier son stress, et elle prépare ses bagages. Des habits d'hiver car on lui a dit qu'il va faire froid. Pour le printemps, elle fera du shopping ! Quelques livres, son dictionnaire de français, ses cours de l'université. Ses affaires de toilette, son ordinateur, bien sûr, son téléphone et ses chargeurs, et puis son appareil photo. Et, naturellement, des cadeaux pour sa famille d'accueil : des chocolats, des t-shirts, des petites choses… Elle ne connaît pas encore les membres de la famille et ce n'est pas facile de choisir !

À l'aéroport, c'est la grande émotion ! Sa famille est venue avec elle bien sûr, et Clara pleure dans les bras de sa mère. Elle n'est jamais partie aussi loin de sa famille et aussi longtemps ! Sa mère lui offre un pull confortable et chaud : « comme ça, tu n'auras pas froid et tu penseras à moi quand tu seras là-bas ! », lui dit-elle.

Mais, une fois dans l'avion, Clara se détend. Elle sait qu'à l'arrivée, une famille va l'attendre pour prendre soin d'elle et lui faire découvrir ce beau pays. Le vol est long ! Une escale à Munich, et hop ! Lyon. Par le hublot, elle regarde les montagnes. Ce sont les Alpes. C'est vraiment très beau… Peut-être qu'elle aura la chance d'aller faire du ski ? Clara rêve en regardant par la fenêtre, et en quelques minutes, elle oublie que

leaving on January 1st. What a great way to start the year! Clara tries to forget her stress, and packs her bags. Winter clothes, as she's been told it's going to be cold. For spring, she'll be shopping! A few books, her French dictionary, her university courses. Her toiletries, her computer, of course, her phone and chargers, and then her camera. And, of course, gifts for her host family: chocolates, T-shirts, little things… She doesn't know the family yet, and it's not easy to choose!

At the airport, the excitement begins! Her family have come with her, of course, and Clara cries in her mother's arms. She's never been so far away from her family, and for such a long time! Her mother gives her a warm, comfortable sweater: "so you won't be cold, and you'll think of me when you're there!"

But once on the plane, Clara relaxes. She knows that on arrival, a family will be waiting to take care of her and help her discover this beautiful country. It's a long flight! A stopover in Munich, and off we go! Lyon. Through the window, she gazes at the mountains. It's the Alps. Maybe she'll get the chance to go skiing? Clara dreams as she gazes out of the window, and in a few minutes she forgets that the plane is landing…

l'avion est en train d'atterrir… Le sol français, enfin !

Après avoir passé la douane, montré ses papiers, son visa d'étudiante, récupéré ses bagages, elle sort au terminal des arrivées… Et sa nouvelle famille l'attend, avec une grande pancarte et son nom écrit dessus !

Bienvenue en France, Clara ! Elle est très émue. Pour la première fois, elle rencontre Céline et sa famille d'adoption : ses deux parents, son grand frère et son petit frère. Tout le monde semble très heureux de faire sa connaissance. Céline lui parle un peu en anglais, mais Clara essaye de répondre en français… Et c'est difficile !

Après de rapides présentations, ils entrent en voiture et vont vers le centre ville de Lyon. Sur la route, Clara découvre d'abord la campagne française. « L'aéroport est loin de la ville, » lui explique la mère de Céline. Quarante minutes plus tard, ils sont en ville. Clara regarde avec émerveillement les immeubles anciens, les petites rues et les cafés charmants. C'est drôle, ça ressemble à l'image que Clara se fait de Paris ! Les boulangeries, les cafés, les petits restaurants… Tout lui semble si… si français !

Dans la voiture, la famille lui parle beaucoup. Elle lui explique les projets pour les jours à venir. C'est le week-

French soil at last!

After clearing customs, showing her papers and student visa, and collecting her luggage, she steps out at the arrivals terminal… And her new family is waiting for her, with a big sign and her name written on it!

Welcome to France, Clara! She's very excited. For the first time, she meets Céline and her adopted family: her two parents, her older brother and her younger brother. Everyone seems very happy to meet her. Céline speaks to her a little in English, but Clara tries to respond in French… and it's difficult!

After a few quick introductions, they get into the car and head for downtown Lyon. On the way, Clara first discovers the French countryside. "The airport is a long way from the city," explains Céline's mother. Forty minutes later, they're in the city. Clara gazes in wonder at the old buildings, narrow streets and charming cafés. Funny, it looks just like Clara's image of Paris! The bakeries, the cafés, the little restaurants… It all seems so… so French!

In the car, the family talks to her a lot. They explain their plans for the coming days. It's the weekend,

end, on va faire un bon repas. Le lundi, elle va aller à l'université avec Céline. Le bâtiment est très beau, elle verra. C'est près du fleuve. Est-ce que Clara connaît quelque chose de Lyon ? Il y a deux rivières, le Rhône et la Saône. Ah, oui, le Rhône, comme le Côte du Rhône ! Est-ce que Clara aime le vin ? Oh, elle n'en a jamais bu beaucoup…	we're going to have a nice meal. On Monday, she'll be going to university with Céline. The building is beautiful, she'll see. It's near the river. Does Clara know anything about Lyon? There are two rivers, the Rhône and the Saône. Ah, yes, the Rhône, like the Côte du Rhône! Does Clara like wine? Oh, she's never had much..
Et les voici arrivés. Le père de Céline porte ses bagages jusqu'à l'appartement. Il est au troisième étage d'un immeuble haussmannien, sur la rue Constantine près de la place des Terreaux… Elle va pouvoir visiter le centre, mais d'abord, découvrir l'appartement et apprendre à connaître sa nouvelle famille…	And here they are. Céline's father carries her luggage up to the apartment. It's on the third floor of a Haussmann building, on Constantine Road near Terrace place… She'll be able to visit the center, but first, get to know the apartment and her new family…

Questions (Chapitre 1)

1. Quelles études fait Clara à l'université ?
a) Les maths
b) Les sciences humaines
c) Le droit
d) Les arts plastiques

2. Combien de temps Clara va-t-elle passer en France ?
a) 6 mois
b) 2 ans
c) 10 mois
d) 1 an

3. Qu'est-ce que la mère de Clara lui donne avant de partir ?
a) Une photo de famille
b) De l'argent
c) Un pull confortable et chaud
d) Un journal intime

4. Qui accueille Clara à l'aéroport ?
a) Céline, ses deux parents, son grand frère et son petit frère
b) Les parents de Céline
c) Céline seulement
d) Céline et ses deux parents

5. L'une des affirmations suivantes n'est pas correcte :
a) Céline et sa famille habitent à Lyon sur la rue Constantine
b) À Lyon, il y a deux rivières principaux, le Rhône et la Saône
c) Les immeubles à Lyon sont plutôt modernes
d) L'aéroport de Lyon est loin de la ville

Questions (Chapter 1)

1. What is Clara studying at university?
a) Maths
b) Humanities
c) Law
d) Fine arts

2. How long will Clara spend in France?
a) 6 months
b) 2 years
c) 10 months
d) 1 year

3. What does Clara's mother give her before she leaves?
a) A family photo
b) Money
c) A warm, comfortable sweater
d) A diary

4. Who greets Clara at the airport?
a) Céline, her two parents, her older brother and her younger brother
b) Céline's parents
c) Céline only
d) Céline and both her parents

5. One of the following statements is not correct:
a) Céline and her family live in Lyon on rue Constantine
b) Lyon has two main rivers, the Rhône and the Saône
c) Buildings in Lyon are fairly modern
d) Lyon airport is far from the city

2. Rencontrer la famille et s'installer

Vous l'avez compris : Clara est arrivée dans sa nouvelle famille et elle **commence** à s'installer dans son nouvel environnement. C'est le week-end et elle a tout le temps d'ouvrir sa valise, de découvrir sa **chambre** et de rencontrer les membres de la famille.

La chambre de Clara n'est pas très grande, mais elle est très charmante. Une fenêtre donne sur la rue **animée** et fait entrer de la **lumière** jusqu'au petit bureau. Son **lit** est grand, il prend toute la place dans la chambre ! Il y a aussi un **placard** pour accueillir ses vêtements, une chaise, une table de nuit et une **lampe de chevet**.

L'appartement est spacieux : chacun a sa propre chambre, et il y a deux salles de bain. Le salon est ouvert sur la cuisine, ce qui est très **agréable**. L'intérieur est moderne, joliment décoré, mais on **peut** voir que l'appartement est très **ancien**. La bibliothèque est l'endroit que Clara préfère : il y a un fauteuil et une lampe liseuse, une petite table pour poser un thé pendant sa lecture.

Commencer (verbe) : to start, to begin
Chambre (f) (nom commun) : bedroom

Animé (adjectif) : animated, lively
Lumière (f) (nom commun) : light
Lit (m) (nom commun) : bed
Placard (m) (nom commun) : closet
Lampe de chevet (f) (nom commun) : bedside lamp
Agréable (adjectif) : nice, pleasant
Pouvoir (verbe) : can, to be able to
Ancien (adjectif) : old

Le salon est grand. Il y a une cheminée. « C'est assez rare en France, dans les appartements… La **réglementation** est assez stricte ! Mais en hiver, c'est très **sympa** de se retrouver près du feu, » lui dit Céline. À côté de la cheminée, sur le **tapis** persan, il y a encore le sapin de Noël. Le canapé est confortable et invite à la **lecture** au coin du feu.

La cuisine, ouverte sur le salon, est assez grande. Elle semble bien équipée, et le frigo est **rempli de** bonnes choses. Clara aime beaucoup cuisiner, mais elle ne connaît pas beaucoup de **recettes**. C'est une bonne nouvelle pour Céline et sa famille : ici, tout le monde aime **cuisiner** et on se fera un plaisir de lui **enseigner** de nouvelles recettes ! D'ailleurs, le menu est **déjà** prêt pour le déjeuner et le dîner.

Clara fait un rapide tour dans les salles de bain, modernes et jolies. Une baignoire, une douche, des lavabos doubles… Tout le confort est **là**. Puis les chambres de chacun.

Réglementation (f) (nom commun) : regulations, rules
Sympa (adjectif) : nice, kind, pleasant
Tapis (m) (nom commun) : rug, carpet
Lecture (f) (nom commun) : reading
Rempli de (adjectif + préposition) : filled with, full of
Recette (f) (nom commun) : recipe
Cuisiner (verbe) : to cook
Enseigner (verbe) : to teach
Déjà (adverbe) : already
Là (adverbe) : there

Marc, le grand frère de Céline, n'habite plus ici. Il est **en couple**, lui explique Céline, il a 26 ans et il **vit** avec sa **copine**. Mais la chambre de Marc est toujours là, avec son piano et ses affaires d'adolescent.

La chambre de Mattéo, 14 ans, le petit frère de Céline, est **rigolote** : une vraie chambre d'**ado** ! Des posters de Nirvana sur les **murs**, une batterie, un bureau encombré de tout sauf de livres d'école ! Mattéo ne parle pas beaucoup, il a l'air **timide**. Il est tout le temps sur son téléphone dans sa chambre, et Clara a l'impression qu'il n'est pas intéressé ; en réalité, il est très curieux de la rencontrer !

La chambre de Céline est **vraiment** super. C'est la plus grande et la plus confortable. Il y a même un espace avec des **fauteuils** pour s'asseoir et discuter. Le lit est grand et il y a deux fenêtres, un joli bureau et un beau tapis sur le sol.

En couple (locution adverbiale) : together (as a couple)
Vivre (verbe) : to live
Copine (f) (nom commun) : girlfriend
Rigolo (adjectif) : funny, amusing
Ado (abréviation d'adolescent) (m/f) (nom commun)) : teen, teenager
Mur (n) (nom commun) : wall
Timide (adjectif) : shy
Vraiment (adverbe) : really
Fauteuil (m) (nom commun) : armchair

Céline va avoir 18 ans **bientôt**. Elle est entrée à la **fac** l'année dernière, en septembre. Elle adore sa nouvelle vie d'étudiante. Elle est dans une autre université, parce qu'elle ne fait pas les mêmes études que Clara. Mais, lui explique-t-elle, les deux universités sont très **proches** l'une de l'autre en tramway. Céline est à la Manufacture des Tabacs (« la Manu, ») c'est l'Université Lyon III. Elle étudie le **droit**. Clara sera à l'Université Lyon II, l'Université Lumières, car c'est l'université spécialisée dans les sciences humaines. **Demain** – dimanche – Céline **montrera** à Clara où sont les universités et comment y aller. Clara a déjà son **emploi du temps** et elle appréhende autant qu'elle est heureuse !

Clara a **défait** ses valises et elle apporte les cadeaux. Tout le monde est content, surtout Mattéo, qui rêve de visiter les États-Unis. Alors, évidemment, un t-shirt « I love NY, » c'est la classe ! Chacun **remercie** Clara. C'est comme un second Noël !

Bientôt (adverbe) : soon
Fac (abréviation de faculté) (f) (nom commun) : uni, university

Proche (adjectif) : close, near, nearby
Droit (n) (nom commun) : law
Demain (adverbe) : tomorrow
Montrer (verbe) : to show
Y (adverbe) : here, there
Emploi du temps (m) (nom commun) : schedule
Défaire (verbe) : to undo, to unpack
Remercier (verbe) : to thank

Il est temps de **passer à table** en famille. La table est mise, et le repas est servi.

« Vous **déjeunez** toujours en famille ? demande Clara.

- Les week-end, bien sûr ! Ce n'est pas comme ça, chez toi ? répond Patrick, le père de Céline.

- Cela dépend, mais pas toujours, non…

- Ici nous sommes assez traditionnels, tu **verras**, ajoute Florence, la mère de Céline. Nous mangeons ensemble et la télévision et les téléphones sont **interdits** à table. N'est-ce pas, Mattéo ?

- Oui, d'accord…, **bougonne** Mattéo. »

Mattéo va poser son téléphone dans sa chambre et **revient** se mettre à table. Clara est contente. Des repas sans **écrans**, elle n'en fait pas **souvent** ! Elle regrette souvent que sa famille communique peu **au quotidien**. Bien sûr, ils s'entendent très bien, mais la télévision, Internet et les téléphones prennent trop de place, pense-t-elle. Elle dit cela à Céline, qui est bien d'accord : « c'est vrai, » dit-elle, « je ne sais pas ce que je ferais sans téléphone… Nous sommes tous dépendants ! Même mes parents… »

Passer à table (locution verbale) : to go to the table to eat
Déjeuner (verbe) : to have lunch
Voir (verb) : to see
Interdit (adjectif, dans ce context) : not allowed, forbidden, prohibited
Bougonner (verbe) : to grumble
Revenir (verbe) : to come back
Écran (m) (nom commun) : screen

Souvent (adverbe) : often, frequently
Au quotidien (locution adverbiale) : daily

Le repas est excellent. Très simple : une **entrée**, un **plat** et un **dessert**. En entrée, une salade de chèvre chaud, le plat est un rôti de veau accompagné d'un gratin de pommes de terre, et pour le dessert, Clara choisit un fruit. C'est l'hiver, les mandarines sont belles, mais elle préfère les oranges. Elle choisit aussi une banane, et mange un **yaourt**.

Après manger, le père de Céline prépare un café et tout le monde aide à **débarrasser** la table. Clara ne parle pas encore beaucoup, mais elle écoute et commence à **s'habituer** à entendre parler français ! Elle ne comprend pas tout mais elle fait un **gros** effort. Ce soir, entre le voyage en avion et le français, elle va être bien **fatiguée** !

Entrée (f) (nom commun) : starter, first course (in this context)
Plat (m) (nom commun) : main course
Dessert (m) (nom commun) : dessert
Yaourt (nom commun) : yogurt
Débarrasser (verbe) : to clear the table
S'habituer (verbe) : to get used to
Gros (adjectif) : great, bit (in this context)
Fatigué (adjectif) : tired

Questions (Chapitre 2)

1. Comment est la chambre de Clara ?
a) Très grande et confortable
b) Un peu sombre
c) Trop petite
d) Pas grande mais charmante

2. Qu'est-ce qu'on trouve dans le salon ? (plusieurs réponses possibles)
a) Une cheminée
b) Le sapin de Noël
c) Une étagère de livres
d) Un balcon

3. C'est qui Mattéo ?
a) Le grand frère de Céline
b) Le petit frère de Céline
c) Le père de Céline
d) L'ami de Céline

4. L'une des affirmations suivantes n'est pas correcte :
a) Céline est à l'Université de Manufacture des Tabacs
b) Céline étudie le droit
c) Céline a 17 ans
d) Céline n'aime pas sa vie d'étudiante

5. Que mange Clara lors de son premier déjeuner avec sa nouvelle famille française ?
a) Un sandwich
b) Une soupe aux oignons et un rôti de veau
c) Une salade de chèvre chaud, un rôti de veau, des fruit et un yaourt
d) Rien, elle est mal au ventre

2. Rencontrer la famille et s'installer

Vous l'avez compris : Clara est arrivée dans sa nouvelle famille et elle commence à s'installer dans son nouvel environnement. C'est le week-end et elle a tout le temps d'ouvrir sa valise, de découvrir sa chambre et de rencontrer les membres de la famille.

La chambre de Clara n'est pas très grande, mais elle est très charmante. Une fenêtre donne sur la rue animée et fait entrer de la lumière jusqu'au petit bureau. Son lit est grand, il prend toute la place dans la chambre ! Il y a aussi un placard pour accueillir ses vêtements, une chaise, une table de nuit et une lampe de chevet.

L'appartement est spacieux : chacun a sa propre chambre, et il y a deux salles de bain. Le salon est ouvert sur la cuisine, ce qui est très agréable. L'intérieur est moderne, joliment décoré, mais on peut voir que l'appartement est très ancien. La bibliothèque est l'endroit que Clara préfère : il y a un fauteuil et une lampe liseuse, une petite table pour poser un thé pendant sa lecture.

Le salon est grand. Il y a une cheminée. « C'est assez rare en France, dans les appartements… La réglementation est assez stricte ! Mais en hiver, c'est très sympa de se retrouver près du feu, » lui dit Céline. À côté de la cheminée, sur le tapis

2. Meeting the family and settling in

You guessed it: Clara has arrived in her new family and is starting to settle into her new surroundings. It's the weekend and she has plenty of time to open her suitcase, discover her room and meet the family.

Clara's room isn't very big, but it's very charming. A window overlooks the busy street and brings light right into the small study. Her bed is so big, it takes up the whole room! There's also a closet for her clothes, a chair, a bedside table and a bedside lamp.

The apartment is spacious: everyone has their own bedroom, and there are two bathrooms. The living room opens onto the kitchen, which is very pleasant. The interior is modern and beautifully decorated, but you can see that the apartment is very old. The library is Clara's favorite place: there's an armchair and a reading lamp, and a little table for a cup of tea while she reads.

The living room is large. There's a fireplace. "It's quite rare in France, in apartments… Regulations are quite strict! But in winter, it's very nice to be by the fire," Céline tells her. Next to the fireplace, on the Persian rug, is the Christmas tree. The comfortable

persan, il y a encore le sapin de Noël. Le canapé est confortable et invite à la lecture au coin du feu.

La cuisine, ouverte sur le salon, est assez grande. Elle semble bien équipée, et le frigo est rempli de bonnes choses. Clara aime beaucoup cuisiner, mais elle ne connaît pas beaucoup de recettes. C'est une bonne nouvelle pour Céline et sa famille : ici, tout le monde aime cuisiner et on se fera un plaisir de lui enseigner de nouvelles recettes ! D'ailleurs, le menu est déjà prêt pour le déjeuner et le dîner.

Clara fait un rapide tour dans les salles de bain, modernes et jolies. Une baignoire, une douche, des lavabos doubles… Tout le confort est là. Puis les chambres de chacun.

Marc, le grand frère de Céline, n'habite plus ici. Il est en couple, lui explique Céline, il a 26 ans et il vit avec sa copine. Mais la chambre de Marc est toujours là, avec son piano et ses affaires d'adolescent.

La chambre de Mattéo, 14 ans, le petit frère de Céline, est rigolote : une vraie chambre d'ado ! Des posters de Nirvana sur les murs, une batterie, un bureau encombré de tout sauf de livres d'école ! Mattéo ne parle pas beaucoup, il a l'air timide. Il est tout le temps sur son téléphone dans sa chambre, et Clara a l'impression qu'il n'est pas intéressé ; en réalité, il est

sofa invites you to read by the fire.

The kitchen, open to the living room, is quite large. It seems well equipped, and the fridge is stocked with goodies. Clara loves to cook, but doesn't know many recipes. This is good news for Céline and her family: everyone here loves to cook, and we'll be happy to teach her new recipes! In fact, the menu is already ready for lunch and dinner.

Clara takes a quick tour of the pretty, modern bathrooms. Bath, shower, double sinks... all the comforts of home. Then it's on to the bedrooms.

Marc, Céline's older brother, no longer lives here. He's in a relationship, explains Céline, he's 26 and lives with his girlfriend. But Marc's room is still there, with his piano and teenage things.

14-year-old Mattéo, Céline's little brother, has a funny bedroom: a real teenager's room! Nirvana posters on the walls, a drum kit, a desk cluttered with everything but school books! Mattéo doesn't talk much, he seems shy. He's on his phone all the time in his room, and Clara gets the impression that he's not interested; in reality, he's very curious to meet her!

très curieux de la rencontrer !

La chambre de Céline est vraiment super. C'est la plus grande et la plus confortable. Il y a même un espace avec des fauteuils pour s'asseoir et discuter. Le lit est grand et il y a deux fenêtres, un joli bureau et un beau tapis sur le sol.

Céline va avoir 18 ans bientôt. Elle est entrée à la fac l'année dernière, en septembre. Elle adore sa nouvelle vie d'étudiante. Elle est dans une autre université, parce qu'elle ne fait pas les mêmes études que Clara. Mais, lui explique-t-elle, les deux universités sont très proches l'une de l'autre en tramway. Céline est à la Manufacture des Tabacs (« la Manu, ») c'est l'Université Lyon III. Elle étudie le droit. Clara sera à l'Université Lyon II, l'Université Lumières, car c'est l'université spécialisée dans les sciences humaines. Demain – dimanche – Céline montrera à Clara où sont les universités et comment y aller. Clara a déjà son emploi du temps et elle appréhende autant qu'elle est heureuse !

Clara a défait ses valises et elle apporte les cadeaux. Tout le monde est content, surtout Mattéo, qui rêve de visiter les États-Unis. Alors, évidemment, un t-shirt « I love NY, » c'est la classe ! Chacun remercie Clara. C'est comme un second Noël !

Il est temps de passer à table en

Céline's room is really great. It's the biggest and the most comfortable. There's even an area with armchairs for sitting and chatting. The bed is big and there are two windows, a nice desk and a nice carpet on the floor.

Céline will soon be 18. She started university last year, in September. She loves her new life as a student. She's at a different university, because she's not doing the same studies as Clara. But, she explains, the two universities are very close to each other by tram. Céline is at Manufacture des Tabacs ("la Manu"), Lyon III University. She's studying law. Clara will be at Université Lyon II, l'Université Lumières, as it specializes in the humanities. Tomorrow - Sunday - Céline will show Clara where the universities are and how to get there. Clara already has her timetable, and she's as apprehensive as she is happy!

Clara has unpacked and is bringing the presents. Everyone is happy, especially Mattéo, who dreams of visiting the United States. So, of course, an "I love NY" t-shirt is a must! Everyone thanks Clara. It's like a second Christmas!

It's time to sit down for a family meal.

famille. La table est mise, et le repas est servi.

« Vous déjeunez toujours en famille ? demande Clara.

- Les week-end, bien sûr ! Ce n'est pas comme ça, chez toi ? répond Patrick, le père de Céline.

- Cela dépend, mais pas toujours, non…

- Ici nous sommes assez traditionnels, tu verras, ajoute Florence, la mère de Céline. Nous mangeons ensemble et la télévision et les téléphones sont interdits à table. N'est-ce pas, Mattéo ?

- Oui, d'accord… bougonne Mattéo. »

Mattéo va poser son téléphone dans sa chambre et revient se mettre à table. Clara est contente. Des repas sans écrans, elle n'en fait pas souvent ! Elle regrette souvent que sa famille communique peu au quotidien. Bien sûr, ils s'entendent très bien, mais la télévision, Internet et les téléphones prennent trop de place, pense-t-elle. Elle dit cela à Céline, qui est bien d'accord : « c'est vrai, » dit-elle, « je ne sais pas ce que je ferais sans téléphone… Nous sommes tous dépendants ! Même mes parents… »

Le repas est excellent. Très simple : une entrée, un plat et un dessert. En entrée, une salade de chèvre chaud, le

The table is set and the food is served.

"Do you always have lunch with your family? asks Clara.

- On weekends, of course! Isn't that the way it is at home? replies Patrick, Céline's father.

- It depends, but not always, no…

- We're pretty traditional here, you'll see, adds Florence, Céline's mother. We eat together, and no TV or phones are allowed at the table. Right, Mattéo?

- Yes, okay…" grumbles Mattéo.

Mattéo puts his phone in his room and comes back to the table. Clara is delighted. She doesn't eat meals without screens very often! She often regrets how little her family communicates on a daily basis. Of course, they get on very well, but TV, Internet and telephones take up too much space, she thinks. She says this to Céline, who agrees: "It's true," she says, "I don't know what I'd do without the phone… We're all dependent! Even my parents…"

The meal is excellent. Very simple: a starter, a main course and a dessert. The starter is a warm goat's cheese

plat est un rôti de veau accompagné d'un gratin de pommes de terre, et pour le dessert, Clara choisit un fruit. C'est l'hiver, les mandarines sont belles, mais elle préfère les oranges. Elle choisit aussi une banane, et mange un yaourt.	salad, the main course is roast veal with potato gratin, and for dessert Clara chooses a piece of fruit. It's winter and mandarins are nice, but she prefers oranges. She also chooses a banana, and eats a yoghurt.
Après manger, le père de Céline prépare un café et tout le monde aide à débarrasser la table. Clara ne parle pas encore beaucoup, mais elle écoute et commence à s'habituer à entendre parler français ! Elle ne comprend pas tout mais elle fait un gros effort. Ce soir, entre le voyage en avion et le français, elle va être bien fatiguée !	After eating, Céline's father prepares coffee, and everyone helps to clear the table. Clara doesn't speak much yet, but she listens and is getting used to hearing French! She doesn't understand everything, but she's making a big effort. Tonight, between the plane trip and the French, she's going to be pretty tired!

Questions (Chapitre 2)

1. Comment est la chambre de Clara ?
a) Très grande et confortable
b) Un peu sombre
c) Trop petite
d) Pas grande mais charmante

2. Qu'est-ce qu'on trouve dans le salon ? (plusieurs réponses possibles)
a) Une cheminée
b) Le sapin de Noël
c) Une étagère de livres
d) Un balcon

3. C'est qui Mattéo ?
a) Le grand frère de Céline
b) Le petit frère de Céline
c) Le père de Céline
d) L'ami de Céline

4. L'une des affirmations suivantes n'est pas correcte :
a) Céline est à l'Université de Manufacture des Tabacs
b) Céline étudie le droit
c) Céline a 17 ans
d) Céline n'aime pas sa vie d'étudiante

5. Que mange Clara lors de son premier déjeuner avec sa nouvelle famille française ?
a) Un sandwich
b) Une soupe aux oignons et un rôti de veau
c) Une salade de chèvre chaud, un rôti de veau, des fruit et un yaourt
d) Rien, elle est mal au ventre

Questions (Chapter 2)

1. What's Clara's room like?
a) Very large and comfortable
b) A little dark
c) Too small
d) Not big but charming

2. What's in the living room? (several answers possible)
a) A fireplace
b) The Christmas tree
c) A bookshelf
d) A balcony

3. Who's Mattéo?
a) Céline's older brother
b) Céline's little brother
c) Céline's father
d) Céline's friend

4. One of the following statements is not correct:
a) Céline is at the University of Manufacture des Tabacs
b) Céline is studying law
c) Céline is 17 years old
d) Céline doesn't like her student life

5. What does Clara eat at her first lunch with her new French family?
a) A sandwich
b) Onion soup and roast veal
c) Warm goat's cheese salad, roast veal, fruit and yoghurt
d) Nothing, she has a stomachache

3. Premier jour à la fac, premiers cours !

Le week-end s'est très bien passé pour Clara. **Bien sûr**, elle a appelé ses parents, et elle leur a raconté : son arrivée, comment est la ville de Lyon, la promenade du dimanche… « Céline m'a montré où était l'université, j'ai aussi fait une longue **balade** dans le vieux Lyon. Tout est différent ! J'**adore** cette ville ! Oui, on mange très bien, et la famille de Céline est très sympa. Vous allez bien, vous ? Bon, je vous laisse, je dois **aller me coucher**. Il est **tard** ici, et demain, je vais à la fac pour le premier jour ! ». Clara expérimente pour la première fois le **décalage horaire**. Il y a six heures de différence… il va falloir s'organiser pour se donner des nouvelles !

Et voici le lundi arrivé ! Toute la famille **se lève** vers sept heures du matin. Clara a encore du mal à se lever, avec le jetlag. Et puis, Clara aime bien dormir. Mais l'**excitation** de son premier jour à la fac française lui donne de l'énergie.

Mattéo traîne un peu au lit, Céline le dispute en passant devant sa chambre et en criant : « Mattéo, **bon sang**, lève-toi ! C'est tous les jours **pareil**, tu n'es plus un enfant ! » Mattéo **ronchonne** et se lève tout doucement, son téléphone à la main, comme toujours. « Et lâche ton téléphone, voyons ! »

ajoute-t-elle.

> **Bien sûr** (locution adverbiale) : naturally, obviously, of course
> **Balade** (f) (nom commun) : walk
> **Adorer** (verbe) : to love, to really like
> **Aller se coucher** (locution verbale) : to go to bed
> **Tard** (adverbe) : late
> **Décalage horaire** (m) (nom commun) : time difference
> **Se lever** (verbe) : to get up
> **Excitation** (f) (nom commun) : excitement
> **Bon sang** (interjection) : good grief!, goodness!, for goodness' sake!
> **Pareil** (adjectif) : the same, all the same, the same thing
> **Ronchonner** (verbe) : to grumble, to moan

Mattéo et Céline **ont** tous les deux **du caractère** et ils s'entendent bien, mais ils **se disputent** souvent. Clara voit bien que Céline joue le rôle de la grande sœur, un peu maman, un peu copine. Mais Mattéo est un adolescent un peu **têtu** et **rebelle**, il n'apprécie pas toujours. Il range son téléphone sans rien dire, mais il est de mauvaise humeur…

Le petit déjeuner est servi. Une routine très sympathique va commencer pour Clara : l'**odeur** du bon café, les tartines beurrées, la **confiture**, parfois quelques croissants. Une douche, on prépare le sac pour la fac, et hop ! C'est parti pour la **journée** ! Clara est un peu stressée, mais en même temps très curieuse. Elle vient de commencer l'université, en septembre, et on lui a dit qu'en France, tout est très différent. Elle **a hâte de** commencer. Elle sait aussi qu'elle doit réviser, se remettre au travail rapidement, parce qu'à la fin du mois de janvier, c'est déjà les examens de mi-semestre ! Elle va devoir tout faire en français, et elle a très **peur**. Céline la rassure en lui disant qu'elle va rencontrer d'autres étudiants **étrangers**. Elle verra comment ça va se passer, mais elle n'est pas la seule dans cette situation, c'est sûr.

> **Avoir du caractère** (locution verbale) : to have a strong personality
> **Se disputer** (verbe) : to argue, to quarrel, to fight
> **Têtu** (adjectif) : obstinate, stubborn
> **Rebelle** (adjectif, dans ce context) : rebellious
> **Odeur** (f) (nom commun) : smell
> **Confiture** (f) (nom commun) : jam, preserve
> **Journée** (f) (nom commun) : day, daytime
> **Avoir hâte de** (locution verbale) : to look forward to

Peur (f) (nom commun) : fear
Étranger (adjectif) : foreign

Clara et Céline vont à la fac **à pied** ce matin, car il fait beau. C'est **seulement** une **demi-heure** de marche et c'est dans le centre-ville. Céline accompagne Clara jusqu'à l'Université Lumière, Lyon II, puis elle prend le tramway T1 puis T4 pour aller dans sa faculté. Ses **cours** commencent un peu plus tard, elle va aller prendre un café avant. Clara et Céline **se donnent rendez-vous** à treize heures pour déjeuner ensemble à la **cantine** de l'université. Clara ne le sait pas encore, mais Céline a déjà invité quelques amis pour manger avec elles à midi.

Clara explore les beaux bâtiments de la fac. Elle découvre l'intérieur : l'**arrière-cours** est très belle et très calme, en contraste avec l'entrée, qui se trouve sur les quais du Rhône. Elle trouve son secrétariat et sur le mur, à côté, quelques affiches qui expliquent tout : rappel de l'emploi du temps, numéro des salles de cours, plan de la fac. Elle se retrouve assez rapidement et se dirige vers l'amphithéâtre pour son tout premier cours en français ! Elle arrive avec **quelques** minutes d'avance, et elle s'installe au fond car elle est un peu **inquiète**. Très vite, une jeune femme s'installe près d'elle et lui **adresse la parole**.

À pied (locution adverbiale) : on foot
Seulement (adverbe) : only
Demi-heure (f) (nom commun) : half an hour
Cours (m) (nom commun) : lesson, class
Se donner rendez-vous (locution verbale) : to arrange to meet
Cantine (f) (nom commun) : canteen, cafeteria
Arrière-cours (f) (nom commun) : backyard
Quelques (adjectif) : some, a few
Inquiet (adjectif) : worried
Adresser la parole (locution verbale) : to speak to, to talk to

« Salut ! T'es nouvelle dans ce cours, je t'ai **jamais** vue ? lui demande-t-elle. T'as pas une **feuille** ? J'ai oublié mon **cahier** !

- Bonjour, oui, je suis nouvelle. Bien sûr j'ai une feuille ! Je m'appelle Clara, et toi ? répond-elle.

- Oh, il vient d'où ton accent ? T'es pas d'**ici** ! Moi, c'est Valentine.

- Oui, je suis américaine. Excuse-moi, je ne parle pas très bien ! Si tu peux parler un peu **doucement**, je ne comprends pas toujours tout ! Je suis arrivée samedi...

- Bien sûr, je vais faire un effort. La prof arrive. Si tu **as besoin d'**aide, dis-moi ! répond gentiment Valentine. »

Clara **se sent en confiance**. Elle a déjà l'impression qu'elle va se faire des amis. Mais la professeure se met à parler, et elle parle **tellement** vite ! C'est la panique ! Elle n'arrive pas à **prendre des notes** et à écouter en même temps... Effrayée, elle regarde Valentine prendre des notes et écouter. Dans une pause de parole, elle lui demande :

« Excuse-moi, Valentine, est-ce que je peux regarder tes notes à la fin du cours ?

- Évidemment Clara ! Il y a une photocopieuse dans le **couloir**, nous allons photocopier mes notes. Pas de problème ! »

Jamais (adverbe) : never
Feuille (f) (nom commun) : piece of paper, sheet
Cahier (m) (nom commun) : notebook
Ici (adverbe) : here
Doucement (adverbe) : slowly (in this context)
Avoir besoin de (locution verbale) : to need
Se sentir en confiance (locution verbale) : to feel at ease, to feel comfortable
Tellement (adverbe) : so, so much
Prendre des notes (locution verbale) : to take notes
Couloir (m) (nom commun) : hall, hallway

Cela est **rassurant**. Clara écoute et n'écrit pas. Faire les deux **en même temps** est trop difficile. Elle ne comprend pas tout, mais elle s'habitue progressivement.

À la fin du cours, Valentine accompagne Clara pour photocopier son cours. Elle lui **promet** de toujours lui donner ses notes. Alors Clara compare son emploi du temps avec elle... Peut-être qu'elle va pouvoir l'aider dans d'autres **matières** ? Elles ont, en effet, une dizaine de cours en commun. Elles échangent leurs numéros de téléphone et leurs contacts sur les **réseaux sociaux**. Elles sont dans un autre amphithéâtre pour le cours **suivant**, elles y

vont ensemble. Après le cours, Clara doit **rejoindre** Céline à la cafétéria de la fac. Elle invite Valentine à venir avec elle, mais Valentine a déjà quelque chose de prévu.

« Mais merci pour l'invitation ! La prochaine fois, **avec plaisir** ! On se voit demain ?

- Oui, super ! Merci pour ton aide, **à demain !** »

Clara se sent en confiance. Elle a ses cours, une nouvelle amie, et même si les cours en français étaient difficiles, elle va pouvoir étudier. Elle se rend à la cafeteria avec le sourire pour retrouver Céline.

Rassurant (adjectif) : comforting
En même temps (locution adverbiale) : at the same time
Promettre (verbe) : to promise
Matière (f) (nom commun) : subject (in this context)
Réseaux sociaux (m, pl) (nom commun) : social media
Suivant (adjectif) : next
Rejoindre (verbe) : to join
Avec plaisir (locution adverbiale) : with pleasure
À demain ! (interjection) : see you tomorrow!

Questions (Chapitre 3)

1. Qu'a fait Clara pendant son premier week-end à Lyon ? (plusieurs réponses possibles)
a) Elle a fait une promenade dans le vieux Lyon
b) Céline lui a montré où était l'université
c) Elle a bien mangé
d) Elle a rencontré des amis de Céline

2. Quel moyen de transport utilise Clara pour se rendre à l'université le premier jour ?
a) Elle prend un taxi
b) Elle va à pied
c) Elle prend le tramway
d) Elle va à vélo

3. C'est qui Valentine ?
a) Une amie de Céline
b) La prof de Clara
c) La mère de Céline
d) Une camarade de classe de Clara

4. Comment s'est passé le premier cours de Clara ? (plusieurs réponses possibles)
a) La prof parlait doucement et elle a tout compris
b) Elle était en panique
c) Elle a pris beaucoup de notes
d) Valentine lui offre de photocopier ses notes

5. Après ses premiers cours, où se donnent rendez-vous Clara et Céline ?
a) À la cafétéria de l'université
b) À l'arrêt du tramway
c) À la bibliothèque
d) À la salle de classe

3. Premier jour à la fac, premiers cours !

Le week-end s'est très bien passé pour Clara. Bien sûr, elle a appelé ses parents, et elle leur a raconté : son arrivée, comment est la ville de Lyon, la promenade du dimanche… « Céline m'a montré où était l'université, j'ai aussi fait une longue balade dans le vieux Lyon. Tout est différent ! J'adore cette ville ! Oui, on mange très bien, et la famille de Céline est très sympa. Vous allez bien, vous ? Bon, je vous laisse, je dois aller me coucher. Il est tard ici, et demain, je vais à la fac pour le premier jour ! » Clara expérimente pour la première fois le décalage horaire. Il y a six heures de différence… il va falloir s'organiser pour se donner des nouvelles !

Et voici le lundi arrivé ! Toute la famille se lève vers sept heures du matin. Clara a encore du mal à se lever, avec le jetlag. Et puis, Clara aime bien dormir. Mais l'excitation de son premier jour à la fac française lui donne de l'énergie.

Mattéo traîne un peu au lit, Céline le dispute en passant devant sa chambre et en criant : « Mattéo, bon sang, lève-toi ! C'est tous les jours pareil, tu n'es plus un enfant ! » Mattéo ronchonne et se lève tout doucement, son téléphone à la main, comme toujours. « Et lâche ton téléphone, voyons ! » ajoute-t-elle.

3. First day at college, first classes!

The weekend went very well for Clara. Of course, she called her parents and told them all about her arrival, what the city of Lyon was like, the Sunday walk... "Céline showed me where the university was, and I also went for a long walk in old Lyon. It's all so different! I love this city! Yes, the food is very good, and Céline's family is very nice. How are you? Well, I'll leave you to it, I've got to go to bed. It's late here, and tomorrow I'm off to college for my first day!" Clara experiences jet lag for the first time. There's a six-hour difference... we're going to have to get organized to keep in touch!

And then Monday arrived! The whole family gets up around 7am. Clara is still having trouble getting up, with the jetlag. Besides, Clara likes to sleep. But the excitement of her first day at a French university gives her energy.

Mattéo dawdles a little in bed, and Céline argues with him as she passes his room, shouting: "Mattéo, for God's sake, get up! It's the same thing every day, you're not a child anymore" Mattéo grumbles and slowly gets up, his phone in his hand, as always. "And let go of your phone," she adds.

Mattéo et Céline ont tous les deux du caractère et ils s'entendent bien, mais ils se disputent souvent. Clara voit bien que Céline joue le rôle de la grande sœur, un peu maman, un peu copine. Mais Mattéo est un adolescent un peu têtu et rebelle, il n'apprécie pas toujours. Il range son téléphone sans rien dire, mais il est de mauvaise humeur…	Mattéo and Céline both have strong characters and get along well, but they often argue. Clara can see that Céline plays the role of the big sister, a bit of a mother, a bit of a pal. But Mattéo is a stubborn, rebellious teenager who doesn't always appreciate it. He puts his phone away without saying a word, but he's in a bad mood…
Le petit déjeuner est servi. Une routine très sympathique va commencer pour Clara : l'odeur du bon café, les tartines beurrées, la confiture, parfois quelques croissants. Une douche, on prépare le sac pour la fac, et hop ! C'est parti pour la journée ! Clara est un peu stressée, mais en même temps très curieuse. Elle vient de commencer l'université, en septembre, et on lui a dit qu'en France, tout est très différent. Elle a hâte de commencer. Elle sait aussi qu'elle doit réviser, se remettre au travail rapidement, parce qu'à la fin du mois de janvier, c'est déjà les examens de mi-semestre ! Elle va devoir tout faire en français, et elle a très peur. Céline la rassure en lui disant qu'elle va rencontrer d'autres étudiants étrangers. Elle verra comment ça va se passer, mais elle n'est pas la seule dans cette situation, c'est sûr.	Breakfast is served. A very pleasant routine begins for Clara: the smell of good coffee, buttered toast, jam and sometimes a few croissants. A shower, packing the bag for college, and off we go! Off we go for the day! Clara is a little stressed, but at the same time very curious. She's just started university in September, and has been told that everything is very different in France. She can't wait to get started. She also knows that she has to revise and get back to work quickly, because at the end of January, it's already mid-term exams! She's going to have to do everything in French, and she's really scared. Céline reassures her that she'll be meeting other foreign students. She'll see how it goes, but she's not the only one in this situation, that's for sure.
Clara et Céline vont à la fac à pied ce matin, car il fait beau. C'est seulement une demi-heure de marche et c'est dans le centre-ville.	Clara and Céline are walking to college this morning, as the weather is fine. It's only half an hour's walk, and it's in the center of town. Céline

Céline accompagne Clara jusqu'à l'Université Lumière, Lyon II, puis elle prend le tramway T1 puis T4 pour aller dans sa faculté. Ses cours commencent un peu plus tard, elle va aller prendre un café avant. Clara et Céline se donnent rendez-vous à treize heures pour déjeuner ensemble à la cantine de l'université. Clara ne le sait pas encore, mais Céline a déjà invité quelques amis pour manger avec elles à midi.	accompanies Clara to the Université Lumière, Lyon II, then she takes the tramway T1 then T4 to get to her faculty. Her classes start a little later, so she goes for a coffee first. Clara and Céline meet for lunch at 1pm in the university canteen. Clara doesn't know it yet, but Céline has already invited a few friends to join them for lunch.
Clara explore les beaux bâtiments de la fac. Elle découvre l'intérieur : l'arrière-cours est très belle et très calme, en contraste avec l'entrée, qui se trouve sur les quais du Rhône. Elle trouve son secrétariat et sur le mur, à côté, quelques affiches qui expliquent tout : rappel de l'emploi du temps, numéro des salles de cours, plan de la fac. Elle se retrouve assez rapidement et se dirige vers l'amphithéâtre pour son tout premier cours en français ! Elle arrive avec quelques minutes d'avance, et elle s'installe au fond car elle est un peu inquiète. Très vite, une jeune femme s'installe près d'elle et lui adresse la parole.	Clara explores the university's beautiful buildings. She discovers the interior: the backyard is very beautiful and quiet, in contrast to the entrance, which is on the banks of the Rhône. She finds her secretary's office, and on the wall beside it, a few posters explaining everything: a reminder of the timetable, room numbers and a map of the college. She finds her way quickly enough and heads for the amphitheatre for her very first French class! She arrives a few minutes early, and takes a seat at the back because she's a little worried. Before long, a young woman takes a seat next to her and addresses her.
« Salut ! T'es nouvelle dans ce cours, je t'ai jamais vue ? lui demande-t-elle. T'as pas une feuille ? J'ai oublié mon cahier !	"Hi, you're new to this class, I haven't seen you before? she asks. Don't you have a sheet of paper? I forgot my notebook!
- Bonjour, oui, je suis nouvelle. Bien sûr j'ai une feuille ! Je m'appelle Clara, et toi ? répond-elle.	- Hello, yes, I'm new. Of course I've got a notebook! My name's Clara, what's yours?

- Oh, il vient d'où ton accent ? T'es pas d'ici ! Moi, c'est Valentine.

- Oui, je suis américaine. Excuse-moi, je ne parle pas très bien ! Si tu peux parler un peu doucement, je ne comprends pas toujours tout ! Je suis arrivée samedi…

- Bien sûr, je vais faire un effort. La prof arrive. Si tu as besoin d'aide, dis-moi ! répond gentiment Valentine. »

Clara se sent en confiance. Elle a déjà l'impression qu'elle va se faire des amis. Mais la professeure se met à parler, et elle parle tellement vite ! C'est la panique ! Elle n'arrive pas à prendre des notes et à écouter en même temps… Effrayée, elle regarde Valentine prendre des notes et écouter. Dans une pause de parole, elle lui demande :

« Excuse-moi, Valentine, est-ce que je peux regarder tes notes à la fin du cours ?

- Évidemment Clara ! Il y a une photocopieuse dans le couloir, nous allons photocopier mes notes. Pas de problème ! »

Cela est rassurant. Clara écoute et n'écrit pas. Faire les deux en même temps est trop difficile. Elle ne comprend pas tout, mais elle s'habitue progressivement.

- Oh, where's your accent from? You're not from here! I'm Valentine.

- Yes, I'm American. I'm sorry, I don't speak very well! If you could speak a bit slowly, I don't always understand everything! I arrived on Saturday…

- Of course I'll make an effort. The teacher's coming. If you need any help, just let me know! Valentine replies kindly."

Clara feels confident. She already feels like she's going to make friends. But then the teacher starts talking, and she talks so fast! It's panic time! She can't take notes and listen at the same time… Frightened, she watches Valentine take notes and listen. In a pause of speech, she asks her:

"Excuse me, Valentine, can I look at your notes at the end of class?

- Of course, Clara! There's a photocopier in the hallway, so we'll photocopy my notes. No problem!"

This is reassuring. Clara listens and doesn't write. Doing both at the same time is too difficult. She doesn't understand everything, but she's gradually getting used to it.

À la fin du cours, Valentine accompagne Clara pour photocopier son cours. Elle lui promet de toujours lui donner ses notes. Alors Clara compare son emploi du temps avec elle… Peut-être qu'elle va pouvoir l'aider dans d'autres matières ? Elles ont, en effet, une dizaine de cours en commun. Elles échangent leurs numéros de téléphone et leurs contacts sur les réseaux sociaux. Elles sont dans un autre amphithéâtre pour le cours suivant, elles y vont ensemble. Après le cours, Clara doit rejoindre Céline à la cafétéria de la fac. Elle invite Valentine à venir avec elle, mais Valentine a déjà quelque chose de prévu.	At the end of the lesson, Valentine accompanies Clara to photocopy her lesson. She promises to always give her her notes. So Clara compares her timetable with hers… Maybe she'll be able to help her in other subjects? After all, they have a dozen classes in common. They exchange phone numbers and social networking contacts. They're in another lecture hall for the next class, so they go together. After class, Clara meets Céline at the university cafeteria. She invites Valentine to come with her, but Valentine already has plans.
« Mais merci pour l'invitation ! La prochaine fois, avec plaisir ! On se voit demain ?	"But thanks for the invitation! Next time, with pleasure! See you tomorrow?
- Oui, super ! Merci pour ton aide, à demain ! »	- Yes, great! Thanks for your help, see you tomorrow!"
Clara se sent en confiance. Elle a ses cours, une nouvelle amie, et même si les cours en français étaient difficiles, elle va pouvoir étudier. Elle se rend à la cafeteria avec le sourire pour retrouver Céline.	Clara feels confident. She's got her classes, a new friend, and even if the French classes were difficult, she'll be able to study. She heads off to the cafeteria with a smile to find Céline.

Questions (Chapitre 3)

1. Qu'a fait Clara pendant son premier week-end à Lyon ? (plusieurs réponses possibles)
a) Elle a fait une promenade dans le vieux Lyon
b) Céline lui a montré où était l'université
c) Elle a bien mangé
d) Elle a rencontré des amis de Céline

2. Quel moyen de transport utilise Clara pour se rendre à l'université le premier jour ?
a) Elle prend un taxi
b) Elle va à pied
c) Elle prend le tramway
d) Elle va à vélo

3. C'est qui Valentine ?
a) Une amie de Céline
b) La prof de Clara
c) La mère de Céline
d) Une camarade de classe de Clara

4. Comment s'est passé le premier cours de Clara ? (plusieurs réponses possibles)
a) La prof parlait doucement et elle a tout compris
b) Elle était en panique
c) Elle a pris beaucoup de notes
d) Valentine lui offre de photocopier ses notes

5. Après ses premiers cours, où se donnent rendez-vous Clara et Céline ?
a) À la cafétéria de l'université

Questions (Chapter 3)

1. What did Clara do on her first weekend in Lyon? (several answers possible)
a) Took a walk in old Lyon
b) Céline showed her where the university was
c) She ate well
d) She met some of Céline's friends

2. What means of transport did Clara use to get to the university on the first day?
a) She takes a cab
b) She walks
c) Takes the streetcar
d) She goes by bike

3. Who's Valentine?
a) A friend of Céline's
b) Clara's teacher
c) Céline's mother
d) Clara's classmate

4. What was Clara's first lesson like? (several answers possible)
a) The teacher spoke softly and she understood everything
b) She was in a panic
c) She took lots of notes
d) Valentine offered to photocopy her notes

5. Where do Clara and Céline meet after their first lessons?
a) The university cafeteria
b) At the streetcar station

b) À l'arrêt du tramway
c) À la bibliothèque
d) À la salle de classe

c) At the library
d) In the classroom

4. Déjeuner et premières rencontres avec les amis

Arrivée dans la salle de la cafétéria, Clara **cherche** des yeux son amie. Elle la trouve à une table avec quatre autres personnes. **Chouette**, de nouvelles rencontres ! Elle commence à se sentir plus **à l'aise** à parler français. Bien sûr, elle sait qu'elle **fait des fautes** de français. Mais elle comprend que ça ne pose pas de problème de compréhension. Et, en fait, elle réalise que son vocabulaire est plutôt bon ! C'est vrai que l'anglais vient très **largement** du français, et il y a beaucoup de mots en commun entre ces deux langues. Le problème **parfois**, ce sont les mots très proches mais qui n'ont pas la même signification. Clara dit des choses bizarres parfois !

Elle prend un **plateau** et va se servir au buffet. Ce n'est pas très cher, mais ça n'a pas l'air très bon… Elle s'installe avec ses nouveaux amis.

Chercher (verbe) : to look for, to search for
Chouette (adjectif) : nice, great
À l'aise (locution verbale) : comfortable, at ease
Faire des fautes (locution verbale) : to make mistakes
Largement (adverbe) : largely
Parfois (adverbe) : sometimes, occasionally

Plateau (m) (nom commun) : tray

« Alors, **comment** se sont passés tes premiers cours, pas trop difficile, tu as trouvé ? Assieds-toi ! Je te présente mes amis ! » Céline invite **gentiment** Clara à les rejoindre en la mettant à l'aise **tout de suite**. « Voici Simon, Robin, Max et Marie. Les copains, voici Clara, l'américaine qui vit chez nous cette année ! » dit Céline pour faire les présentations. Tout le monde **salue** Clara avec un grand sourire. Ils ont l'air très sympa.

« Bonjour ! Pardonnez mon niveau de français, je m'habitue un peu **mais** ce n'est pas facile. Vous êtes tous à la fac avec Céline ? demande Clara pour engager la conversation.

- Alors pas moi ! répond Max. Moi, je travaille dans le bâtiment. Je n'ai pas eu envie de faire d'études. Je suis indépendant, j'habite à la Croix-Rousse. J'ai 23 ans, Céline et moi nous nous sommes rencontrés avec son frère **aîné**.

- Moi je suis à la fac, mais pas avec Céline, dit Marie. J'étudie l'histoire de l'art, à Lyon II, dans la même fac que toi. J'ai 18 ans, j'ai commencé cette année. J'habite à Lyon, mais je suis née **à la campagne**, vers les Alpes. Avec Céline, on s'est rencontrées au ski pendant les vacances il y a quelques années.

- Moi, dit Robin, je connais Céline du **lycée**. Et je suis à la fac de droit avec elle. On a le même âge, mais au lycée on ne se connaissait pas. Maintenant qu'on est à la fac, on est devenus copains. J'habite à côté de chez Max, à la Croix-Rousse.

- Et moi, dit Simon avec un accent du sud de la France assez prononcé, je suis artiste. Je fais des **marionnettes** et je fais du dessin. Je vis à la friche RVI, c'est un squat artistique et militant dans le 8ème arrondissement.

- Ouh là ! Attendez, c'est beaucoup d'informations ! dit Clara en riant. Je vais tout **oublier** !

- Mais toi, parle-nous de toi ! demande Simon avec son **joli** accent.

- Eh bien, voilà, je suis Clara, je suis américaine, je suis née à New York. J'apprends le français et… Et je suis à la fac ici, et voilà ! Je ne suis pas très forte en français, excusez-moi !

- Ton français est très bon, dit Marie. **Vraiment**, ne t'inquiète pas. On te comprend très bien ! »

Comment (adverbe) : how
Gentiment (adverbe) : kindly
Tout de suite (locution adverbiale) : immediately, straightaway
Saluer (verbe) : to greet
Mais (conjoction) : but
Aîné (adjectif) : oldest, eldest
À la campagne (locution adverbiale) : in the countryside
Lycée (m) (nom commun) : high school
Marionnette (f) (nom commun) : puppet
Oublier (verbe) : to forget
Joli (adjectif) : pretty, lovely, nice
Vraiment (adverbe) : truly, actually, really

La discussion continue comme ça pendant un petit moment. Clara se sent très à l'aise, et elle est contente de rencontrer ces jeunes qui sont sympas, souriants et qui **ont l'air** intéressants. Très vite, le sujet de conversation change. Les quatre amis discutent de politique, de **soirées** étudiantes et du vendredi **prochain**. Max et Simon ont l'air très militants, assez engagés dans la politique. C'est intriguant pour Clara, qui n'a pas l'habitude de ce **genre** de discussions entre amis.

« En France, parler de politique, c'est un peu traditionnel, explique Céline en riant. T'es pas vraiment français si t'as pas un **avis** sur tout ce qui se passe au gouvernement !

- Tu verras, ajoute Marie, à la fac il y a souvent des **grèves**…

- Qu'est-ce que c'est une grève ? demande Clara.

- C'est quand les gens protestent parce qu'ils ne sont pas contents **à cause d'**une loi !

- Oui, enfin, **précise** Céline, ça c'est à Lyon II, c'est une fac **de gauche**. À Lyon III, on ne fait pas grève ! »

Avoir l'air (locution verbale) : to look, to seem
Soirée (f) (nom commun) : evening

Prochain (adjectif) : next
Genre (m) (nom commun) : type, sort, kind
Avis (m) (nom commun) : opinion, view, point of view
Grève (f) (nom commun) : strike
À cause de (locution prépositive) : because of, due to
Préciser (verbe) : to explain, to clarify
De gauche (locution adjectivale) : left-wing

Clara comprend qu'elle est dans une faculté très politisée. Elle est **étonnée** et curieuse. Bien sûr, elle va **poser** plein **de questions** à Céline ! Enfin, le repas se termine dans la bonne humeur, et les amis se promettent de **se revoir** très vite. Peut-être vendredi soir, s'ils sont **libres** ! On proposera aussi aux autres copains, Marjo, Amandine, Victor… Clara comprend aussi qu'elle a beaucoup de chance : elle rencontre des gens très gentils, intéressants et sociables. Elle va se faire des amis qui vont changer son existence !

Il est temps d'aller en cours pour l'après-midi. Clara n'a qu'une heure de cours, **ensuite** elle peut rentrer à la maison. Céline arrivera un peu plus tard. C'est parfait, se dit Clara, ainsi elle pourra s'organiser pour ses cours, commencer à **relire** les notes de Valentine. Ah, elle veut aussi écrire à Valentine pour la remercier de sa **gentillesse** ! Et elle va s'organiser pour les examens de mi-semestre. Tout lui semble difficile mais elle sait que c'est seulement son premier jour. Et elle espère qu'elle va **vite** s'habituer !

Étonné (adjectif) : surprised, astonished
Poser des questions (locution verbale) : to ask questions
Se revoir (verbe) : to see each other again
Libre (adjectif) : free
Ensuite (adverbe) : then, afterwards
Relire (verbe) : to reread, to read again
Gentillesse (f) (nom commun) : kindness
Vite (adverbe) : fast, quickly

Questions (Chapitre 4)

1. Qui rencontre Clara à la cafétéria ?
a) Les camarades de son cours précédent
b) Valentine
c) Céline et ses amis
d) Personne

2. L'une des affirmations suivantes n'est pas correcte :
a) Max et Céline se sont rencontrés par l'intermédiaire du grand-frère de Céline
b) Marie étudie l'histoire de l'art
c) Robin travaille à la fac de droit
d) Simon est artiste

3. De quoi parlent les amis de Céline ? (plusieurs réponses possibles)
a) De la pollution
b) De la politique
c) De soirées étudiantes
d) Du vendredi prochain

4. Que pense Clara des amis de Céline ? (plusieurs réponses possibles)
a) Qu'ils ont l'air très sympa
b) Qu'ils sont ennuyeux
c) Qu'ils parlent très fort
d) Qu'ils ont l'air intéressants

5. Que fait Clara l'après-midi de son premier jour à l'université ?
a) Elle reste à la cafétéria de l'université
b) Elle va au cours
c) Elle va à la bibliothèque
d) Elle se promène dans le centre-ville de Lyon

4. Déjeuner et premières rencontres avec les amis

Arrivée dans la salle de la cafétéria, Clara cherche des yeux son amie. Elle la trouve à une table avec quatre autres personnes. Chouette, de nouvelles rencontres ! Elle commence à se sentir plus à l'aise à parler français. Bien sûr, elle sait qu'elle fait des fautes de français. Mais elle comprend que ça ne pose pas de problème de compréhension. Et, en fait, elle réalise que son vocabulaire est plutôt bon ! C'est vrai que l'anglais vient très largement du français, et il y a beaucoup de mots en commun entre ces deux langues. Le problème parfois, ce sont les mots très proches mais qui n'ont pas la même signification. Clara dit des choses bizarres parfois !

Elle prend un plateau et va se servir au buffet. Ce n'est pas très cher, mais ça n'a pas l'air très bon… Elle s'installe avec ses nouveaux amis.

« Alors, comment se sont passés tes premiers cours, pas trop difficile, tu as trouvé ? Assieds-toi ! Je te présente mes amis ! » Céline invite gentiment Clara à les rejoindre en la mettant à l'aise tout de suite. « Voici Simon, Robin, Max et Marie. Les copains, voici Clara, l'américaine qui vit chez nous cette année ! » dit Céline pour faire les présentations. Tout le monde salue Clara avec un grand sourire. Ils ont l'air très sympa.

4. Lunch and first meetings with friends

Arriving in the cafeteria, Clara looks around for her friend. She finds her at a table with four other people. Great, meeting new people! She begins to feel more comfortable speaking French. Of course, she knows she makes mistakes in French. But she understands that it's not a problem to understand. And, in fact, she realizes that her vocabulary is pretty good! It's true that English is largely derived from French, and there are many words in common between the two languages. The problem sometimes lies in words that are very similar but don't have the same meaning. Clara says the strangest things sometimes!

She takes a tray and helps herself to the buffet. It's not very expensive, but it doesn't look very good… She settles down with her new friends.

"So, how were your first lessons, not too difficult, did you find? Have a seat! Meet my friends!" Céline kindly invites Clara to join them, putting her at ease right away. "This is Simon, Robin, Max and Marie. Guys, this is Clara, the American girl who's staying with us this year!" says Céline, making the introductions. Everyone greets Clara with a big smile. They all seem really nice.

« Bonjour ! Pardonnez mon niveau de français, je m'habitue un peu mais ce n'est pas facile. Vous êtes tous à la fac avec Céline ? demande Clara pour engager la conversation.	"Bonjour! Forgive my level of French, I'm getting used to it but it's not easy. Are you all at college with Céline? Clara asks, trying to start a conversation.
- Alors pas moi ! répond Max. Moi, je travaille dans le bâtiment. Je n'ai pas eu envie de faire d'études. Je suis indépendant, j'habite à la Croix-Rousse. J'ai 23 ans, Céline et moi nous nous sommes rencontrés avec son frère aîné.	- Then not me! replies Max. I work in construction. I didn't want to study. I'm self-employed and live in Croix-Rousse. I'm 23, and Céline and I met with her older brother.
- Moi je suis à la fac, mais pas avec Céline, dit Marie. J'étudie l'histoire de l'art, à Lyon II, dans la même fac que toi. J'ai 18 ans, j'ai commencé cette année. J'habite à Lyon, mais je suis née à la campagne, vers les Alpes. Avec Céline, on s'est rencontrées au ski pendant les vacances il y a quelques années.	- I'm at university, but not with Céline, says Marie. I'm studying art history at Lyon II, the same university as you. I'm 18 and started this year. I live in Lyon, but I was born in the countryside, near the Alps. Céline and I met on a skiing vacation a few years ago.
- Moi, dit Robin, je connais Céline du lycée. Et je suis à la fac de droit avec elle. On a le même âge, mais au lycée on ne se connaissait pas. Maintenant qu'on est à la fac, on est devenus copains. J'habite à côté de chez Max, à la Croix-Rousse.	- I know Céline from high school, says Robin. And I'm in law school with her. We're the same age, but in high school we didn't know each other. Now that we're at university, we've become buddies. I live next door to Max, in Croix-Rousse.
- Et moi, dit Simon avec un accent du sud de la France assez prononcé, je suis artiste. Je fais des marionnettes et je fais du dessin. Je vis à la friche RVI, c'est un squat artistique et militant dans le 8ème arrondissement.	- And I'm an artist, says Simon, with a pronounced accent from the South of France. I make puppets and draw. I live at the RVI wasteland, an artistic and militant squat in the 8th arrondissement.
- Ouh là ! Attendez, c'est beaucoup	- Wow! Wait a minute, that's a lot of

d'informations ! dit Clara en riant. Je vais tout oublier !

- Mais toi, parle-nous de toi ! demande Simon avec son joli accent.

- Eh bien, voilà, je suis Clara, je suis américaine, je suis née à New York. J'apprends le français et… Et je suis à la fac ici, et voilà ! Je ne suis pas très forte en français, excusez-moi !

- Ton français est très bon, dit Marie. Vraiment, ne t'inquiète pas. On te comprend très bien ! »

La discussion continue comme ça pendant un petit moment. Clara se sent très à l'aise, et elle est contente de rencontrer ces jeunes qui sont sympas, souriants et qui ont l'air intéressants. Très vite, le sujet de conversation change. Les quatre amis discutent de politique, de soirées étudiantes et du vendredi prochain. Max et Simon ont l'air très militants, assez engagés dans la politique. C'est intriguant pour Clara, qui n'a pas l'habitude de ce genre de discussions entre amis.

« En France, parler de politique, c'est un peu traditionnel, explique Céline en riant. T'es pas vraiment français si t'as pas un avis sur tout ce qui se passe au gouvernement !

- Tu verras, ajoute Marie, à la fac il y a souvent des grèves…

---

information! says Clara, laughing. I'm going to forget all about it!

- But you, tell us about yourself! asks Simon in his lovely accent.

- Well, I'm Clara, an American born in New York. I'm learning French and... And I'm in college here, and that's it! I'm not very good at French, excuse me!

- Your French is very good, says Marie. Really, don't worry. We understand you just fine!"

The discussion goes on like this for a while. Clara feels very much at ease, and is happy to meet these nice, smiling, interesting-looking young people. Soon, the topic of conversation changes. The four friends discuss politics, student parties and next Friday. Max and Simon seem very militant, quite committed to politics. This is intriguing for Clara, who is not used to this kind of discussion between friends.

"In France, talking about politics is a bit traditional, explains Céline, laughing. You're not really French if you don't have an opinion on everything that goes on in government!

- You'll see, adds Marie, there are often strikes at university…

- Qu'est-ce que c'est une grève ? demande Clara.	- What's a strike? asks Clara.
- C'est quand les gens protestent parce qu'ils ne sont pas contents à cause d'une loi !	- It's when people protest because they're unhappy with a law!
- Oui, enfin, précise Céline, ça c'est à Lyon II, c'est une fac de gauche. À Lyon III, on ne fait pas grève ! »	- Yes, well, clarifies Céline, that's at Lyon II, which is a left-wing university. At Lyon III, we don't go on strike!"
Clara comprend qu'elle est dans une faculté très politisée. Elle est étonnée et curieuse. Bien sûr, elle va poser plein de questions à Céline ! Enfin, le repas se termine dans la bonne humeur, et les amis se promettent de se revoir très vite. Peut-être vendredi soir, s'ils sont libres ! On proposera aussi aux autres copains, Marjo, Amandine, Victor… Clara comprend aussi qu'elle a beaucoup de chance : elle rencontre des gens très gentils, intéressants et sociables. Elle va se faire des amis qui vont changer son existence !	Clara understands that she's in a highly politicized faculty. She's surprised and curious. Of course, she's going to ask Céline lots of questions! Finally, the meal ends in good spirits, and the friends promise to see each other again very soon. Maybe on Friday evening, if they're free! We'll also suggest it to the other friends, Marjo, Amandine, Victor… Clara also realizes that she's been very lucky: she's met some very nice, interesting and sociable people. She's going to make friends who will change her life!
Il est temps d'aller en cours pour l'après-midi. Clara n'a qu'une heure de cours, ensuite elle peut rentrer à la maison. Céline arrivera un peu plus tard. C'est parfait, se dit Clara, ainsi elle pourra s'organiser pour ses cours, commencer à relire les notes de Valentine. Ah, elle veut aussi écrire à Valentine pour la remercier de sa gentillesse ! Et elle va s'organiser pour les examens de mi-semestre. Tout lui semble difficile mais elle sait que c'est	It's time to go to class for the afternoon. Clara only has one hour of class, then she can go home. Céline will arrive a little later. That's perfect, Clara thinks, so she can get organized for class and start rereading Valentine's notes. Ah, she also wants to write to Valentine to thank her for her kindness! And she'll get organized for the mid-term exams. Everything seems difficult, but she knows it's only her

seulement son premier jour. Et elle espère qu'elle va vite s'habituer !

first day. And she hopes she'll soon get used to it!

Questions (Chapitre 4)

1. Qui rencontre Clara à la cafétéria ?
a) Les camarades de son cours précédent
b) Valentine
c) Céline et ses amis
d) Personne

2. L'une des affirmations suivantes n'est pas correcte :
a) Max et Céline se sont rencontrés par l'intermédiaire du grand-frère de Céline
b) Marie étudie l'histoire de l'art
c) Robin travaille à la fac de droit
d) Simon est artiste

3. De quoi parlent les amis de Céline ? (plusieurs réponses possibles)
a) De la pollution
b) De la politique
c) De soirées étudiantes
d) Du vendredi prochain

4. Que pense Clara des amis de Céline ? (plusieurs réponses possibles)
a) Qu'ils ont l'air très sympa
b) Qu'ils sont ennuyeux
c) Qu'ils parlent très fort
d) Qu'ils ont l'air intéressants

5. Que fait Clara l'après-midi de son premier jour à l'université ?
a) Elle reste à la cafétéria de l'université
b) Elle va au cours

Questions (Chapter 4)

1. Who meets Clara in the cafeteria?
a) Friends from her previous class
b) Valentine
c) Céline and her friends
d) Nobody

2. One of the following statements is not correct:
a) Max and Céline met through Céline's big brother
b) Marie is studying art history
c) Robin works at law school
d) Simon is an artist

3. What are Céline's friends talking about? (several answers possible)
a) Pollution
b) Politics
c) Student parties
d) Next Friday

4. What does Clara think of Céline's friends? (several answers possible)
a) They seem very nice
b) They're boring
c) They talk very loudly
d) They seem interesting

5. What does Clara do on the afternoon of her first day at university?
a) She stays in the university cafeteria
b) She goes to class

c) Elle va à la bibliothèque
d) Elle se promene dans le centre-ville de Lyon

c) She goes to the library
d) Take a walk in downtown Lyon

5. Premier week-end en famille et entre amis

La semaine se passe comme ça : très bien. Clara et Céline vont en cours, elles se rejoignent quand elles peuvent, à **midi** ou en fin de journée. À la maison, elles aident les parents dans les **tâches** quotidiennes, le repas, le ménage… Et aussi, bien sûr, elles se préparent pour les **partiels**.

« C'est quoi, Céline, les partiels ? demande Clara.

- Les partiels, c'est comme ça qu'on appelle les examens à la fac ! explique Céline. Mais attends, là on est samedi. C'est le week-end et j'ai pas envie de **réviser**. Ce soir, on va voir les copains. Ça te dit ? Et demain, on reste ici en famille, on va manger une **galette des rois**, tu connais ?

- Pas du tout, une galette des quoi ? demande Clara.

- Une galette des rois ! répète Céline. C'est pour **fêter** l'Épiphanie, c'est une tradition française. l'Épiphanie, c'est une fête religieuse, après Noël. Ça correspond à l'épisode de la Bible dans lequel les trois **rois mages** viennent offrir des cadeaux à Jésus, nouveau-né. Tu vois ?

- Je suis pas sûre, **raconte**-moi s'il te plaît !

- Alors la Bible raconte que, quand Jésus est né, trois rois-mages sont venus le rencontrer pour l'**honorer**. Ils étaient les premiers à savoir que c'était le **Messie**, raconte Céline.

- Mais tu crois ça ? demande Clara.

- Pas vraiment, mais c'est traditionnel ! La France est un pays de traditions catholiques, même si c'est un État **laïc**. Dans ma famille, on n'est pas très religieux. Mais on fête l'Épiphanie !

- Et alors, quel est le **rapport** avec cette fameuse galette ? demande Clara, étonnée.

- Attends, je te montre une photo sur mon Smartphone. La galette des rois, c'est un **gâteau**, on le mange au dessert. C'est super bon ! Il y a de la frangipane, c'est à base d'amandes. **Dedans**, on **cache** un petit objet en céramique : on appelle ça une **fève**. Personne ne doit savoir où est la fève ! Celle ou celui qui l'a dans sa part du gâteau est désigné **reine** ou **roi** pour l'année !

- C'est drôle ! Tout le monde fait ça ? s'étonne Clara.

- Oh oui, presque tout le monde. Quand on **coupe** le gâteau, le plus jeune de la famille est choisi pour aller sous la table. Il est innocent et il ne peut pas voir où est la fève quand on coupe le gâteau ! Ensuite, sous la table, il décide qui reçoit quelle part de gâteau, explique Céline, pour les détails.

- Ah, mais c'est vraiment drôle ! Mattéo va être sous la table ? s'étonne Clara.

- Eh, oui ! Comme chaque année ! La **plupart** des gens achètent leur galette des rois en boulangerie, mais nous, on la fait à la maison, parce qu'on adore cuisiner. C'est le programme de demain matin ! »

Midi (m) (nom commun) : midday, noon
Tâche (f) (nom commun) : task, chore
Partiel (m) (nom commun) : end-of-term exam
Réviser (verbe) : to review, to study
Galette des rois (f) (nom commun) : king cake, Epiphany cake
Fêter (verbe) : to celebrate

Rois mages (m, pl) (nom propre) : the Three Wise Men, the Three Kings
Raconter (verbe) : to tell, to relate
Honorer (verbe) : to honor
Messie (m) (nom commun) : Messiah
Laïc (adjectif) : lay, non-religious
Rapport (m) (nom commun) : link, connection, relation (in this context)
Gâteau (m) (nom commun) : cake
Dedans (adverbe) : in, inside
Cacher (verbe) : to hide
Fève (f) (nom commun) : bean (in this context)
Reine (f) (nom commun) : queen
Roi (m) (nom commun) : king
Couper (verbe) : to cut, to slice
Plupart (adjectif) : most

Clara est **ravie**. Son deuxième week-end en France est déjà l'occasion d'en apprendre plus sur les traditions des Français. Plus tard, en se promenant à Lyon, elle voit dans les boulangeries les gens **faire la queue** pour acheter des galettes des rois, avec des **couronnes** en carton doré.

Le soir, Céline et Clara vont boire un chocolat chaud avec les amis. Max est là, il est venu avec sa copine, Anouk. C'est dommage, parce que Clara trouvait Max très charmant… C'est la vie, comme disent les Français ! Et Anouk a l'air très sympa, alors elle préfère se faire une nouvelle copine. Elle découvre alors qu'Anouk est dans la même fac qu'elle, mais elle étudie les **lettres modernes**. Valentine est aussi venue, Clara **voulait** la revoir.

Les cinq amis **s'amusent** bien dans ce petit bar du quartier de la Guillotière. On rit bien… Max et Anouk boivent quelques **bières**, Clara s'abstient, elle n'est pas encore **majeure**. La discussion s'éternise un peu, puis les filles rentrent à la maison, un peu avant **minuit**, même si elles ont envie de rester un peu plus longtemps. Max, Anouk et Valentine restent un peu plus tard.

Ravi (adjectif) : thrilled, delighted
Faire la queue (locution verbale) : to queue, to stand in line
Couronne (f) (nom commun) : crown
Lettres modernes (f, pl) (nom commun) : French Language and Literature, Modern Languages
Vouloir (verbe) : to want, to desire
S'amuser (verbe) : to have fun

Bière (f) (nom commun) : beer
Majeur (adjectif) : over the age of legal majority
Minuit (m) (nom commun) : midnight

En rentrant à pied, Clara admire les lumières de la ville. Tout est si différent, la **nuit**. Les bâtiments sont éclairés et on apprécie **mieux** les architectures. Elles traversent le Rhône, regardent la rivière, prennent quelques photos. Puis elles passent dans le centre-ville, rue de la République. Les **magasins** sont fermés mais les **vitrines** sont éclairées. La rue est **piétonne** et elle est très grande, c'est très agréable de se promener, même s'il fait très froid. Clara réalise qu'elle est heureuse, **chanceuse**, et elle sourit à cette ville qu'elle aime déjà. Avec Céline, elles s'entendent très bien et elles parlent sans arrêt.

Bien sûr, Clara cherche ses mots. Mais elle apprend très vite de nouveaux mots et elle se sent de plus en plus confortable. Arrivées à la maison, Clara et Céline vont **se brosser les dents** sans faire de **bruit**, puis elles vont se coucher. Clara essaye de lire quelques pages de son livre mais elle s'endort très vite.

Le **lendemain** matin, dimanche, c'est Céline qui la **réveille** en frappant doucement à la porte de sa chambre :

« Clara, croissant ou pain au chocolat ? Thé ou café ? demande-t-elle.

- Ooooh ! Merci ! Je me lève tout de suite ! répond-elle en ouvrant les yeux. »

Clara se lève vite et va à la cuisine, en pyjama. Toute la famille est assise et ça sent bon le café. Clara prend une grande tasse de café, un croissant, et se fait une tartine de **beurre** et de confiture. So French ! Puis toute la famille se prépare pour la galette des rois et le repas de midi. La liste de courses est faite, Mattéo est envoyé au magasin pour acheter ce qu'il manque : de la poudre d'amande et du beurre.

Nuit (f) (nom commun) : night
Mieux (adverbe) : better
Magasin (m) (nom commun) : store
Vitrine (f) (nom commun) : store front
Piéton (adjectif, dans ce context) : pedestrian
Chanceux (adjectif) : lucky, fortunate
Se brosser les dents (locution verbale) : to brush your teeth

Bruit (m) (nom commun) : noise
Lendemain (m) (nom commun) : the next day
Réveiller (verbe) : to wake (someone) up
Beurre (m) (nom commun) : butter

Questions (Chapitre 5)

1. Qu'est ce que la famille de Céline a prévu pour fêter l'Épiphanie ? (plusieurs réponses possibles)
a) Ils vont dîner dehors
b) Ils vont faire une galette des rois
c) Ils restent chez eux en famille
d) Ils vont à l'église

2. L'une des affirmations suivantes n'est pas correcte :
a) L'Épiphanie est une tradition française
b) La galette des rois est un gâteau que l'on mange en dessert
c) Le plus jeune membre de la famille est celui qui distribue les parts de gâteau aux autres
d) On cache plusieurs petit objets en céramique dans la galette des rois

3. C'est qui Anouk ?
a) Une amie de Valentine
b) La serveuse du bar
c) La copine de Max
d) La voisine de Céline

4. Que font Clara et Céline après le bar ?
a) Elles rentrent à la maison en taxi
b) Elles rentrent à la maison à pied
c) Elles vont dans un autre bar
d) Elles vont chez Valentine

5. Qu'est-ce que Clara prend comme petit-déjeuner le dimanche matin ? (plusieurs réponses possibles)
a) Une tasse de café
b) Un jus d'orange
c) Un pain au chocolat
d) Une tartine de beurre et de confiture

5. Premier week-end en famille et entre amis

La semaine se passe comme ça : très bien. Clara et Céline vont en cours, elles se rejoignent quand elles peuvent, à midi ou en fin de journée. À la maison, elles aident les parents dans les tâches quotidiennes, le repas, le ménage… Et aussi, bien sûr, elles se préparent pour les partiels.

« C'est quoi, Céline, les partiels ? demande Clara.

- Les partiels, c'est comme ça qu'on appelle les examens à la fac ! explique Céline. Mais attends, là on est samedi. C'est le week-end et j'ai pas envie de réviser. Ce soir, on va voir les copains. Ça te dit ? Et demain, on reste ici en famille, on va manger une galette des rois, tu connais ?

- Pas du tout, une galette des quoi ? demande Clara.

- Une galette des rois ! répète Céline. C'est pour fêter l'Épiphanie, c'est une tradition française. L'Épiphanie, c'est une fête religieuse, après Noël. Ça correspond à l'épisode de la Bible dans lequel les trois rois mages viennent offrir des cadeaux à Jésus, nouveau-né. Tu vois ?

- Je suis pas sûre, raconte-moi s'il te plaît !

- Alors la Bible raconte que, quand

5. First weekend with family and friends

The week goes like this: very well. Clara and Céline go to class, meeting up whenever they can, at lunchtime or at the end of the day. At home, they help their parents with daily chores, meals, housework… And, of course, they prepare for midterms.

"What are midterms, Céline? asks Clara.

- Midterms are what we call exams at university! explains Céline. But wait, it's Saturday now. It's the weekend and I don't feel like studying. Tonight, we're going to see some friends. What do you say? And tomorrow, we'll stay here with the family and eat a galette des rois, you know?

- Not at all, a galette des what? asks Clara.

- A galette des rois! repeats Céline. It's to celebrate Epiphany, a French tradition. Epiphany is a religious feast, after Christmas. It corresponds to the episode in the Bible in which the three wise men come to offer gifts to the newborn Jesus. Do you know what it means?

- I'm not sure, tell me please!

- So, the Bible tells us that when Jesus

Jésus est né, trois rois-mages sont venus le rencontrer pour l'honorer. Ils étaient les premiers à savoir que c'était le Messie, raconte Céline.

- Mais tu crois ça ? demande Clara.

- Pas vraiment, mais c'est traditionnel ! La France est un pays de traditions catholiques, même si c'est un État laïc. Dans ma famille, on n'est pas très religieux. Mais on fête l'Épiphanie !

- Et alors, quel est le rapport avec cette fameuse galette ? demande Clara, étonnée.

- Attends, je te montre une photo sur mon Smartphone. La galette des rois, c'est un gâteau, on le mange au dessert. C'est super bon ! Il y a de la frangipane, c'est à base d'amandes. Dedans, on cache un petit objet en céramique : on appelle ça une fève. Personne ne doit savoir où est la fève ! Celle ou celui qui l'a dans sa part du gâteau est désigné reine ou roi pour l'année !

- C'est drôle ! Tout le monde fait ça ? s'étonne Clara.

- Oh oui, presque tout le monde. Quand on coupe le gâteau, le plus jeune de la famille est choisi pour aller sous la table. Il est innocent et il ne peut pas voir où est la fève quand on coupe le gâteau ! Ensuite, sous la table, il décide qui reçoit quelle part

was born, three wise men came to meet him and honor him. They were the first to know that he was the Messiah, says Céline.

- But do you believe that? Asks Clara.

- Not really, but it's traditional! France is a country of Catholic traditions, even though it's a secular state. In my family, we're not very religious. But we do celebrate Epiphany!

- So, what does this have to do with the famous galette? asks a surprised Clara.

- Let me show you a photo on my smartphone. The galette des rois is a cake we eat for dessert. It's really good! It's made with almonds and frangipane. Inside, a small ceramic object is hidden: it's called a fava bean. No one can know where the bean is! Whoever has it in his or her piece of cake is crowned queen or king for the year!

- How funny! Does everyone do this? Clara wonders.

- Oh yes, almost everyone. When the cake is cut, the youngest member of the family is chosen to go under the table. He's innocent and can't see where the bean is when the cake is cut! Then, under the table, he decides who gets which piece of

de gâteau, explique Céline, pour les détails.

- Ah, mais c'est vraiment drôle ! Mattéo va être sous la table ? s'étonne Clara.

- Eh, oui ! Comme chaque année ! La plupart des gens achètent leur galette des rois en boulangerie, mais nous, on la fait à la maison, parce qu'on adore cuisiner. C'est le programme de demain matin ! »

Clara est ravie. Son deuxième week-end en France est déjà l'occasion d'en apprendre plus sur les traditions des Français. Plus tard, en se promenant à Lyon, elle voit dans les boulangeries les gens faire la queue pour acheter des galettes des rois, avec des couronnes en carton doré.

Le soir, Céline et Clara vont boire un chocolat chaud avec les amis. Max est là, il est venu avec sa copine, Anouk. C'est dommage, parce que Clara trouvait Max très charmant… C'est la vie, comme disent les Français ! Et Anouk a l'air très sympa, alors elle préfère se faire une nouvelle copine. Elle découvre alors qu'Anouk est dans la même fac qu'elle, mais elle étudie les lettres modernes. Valentine est aussi venue, Clara voulait la revoir.

Les cinq amis s'amusent bien dans ce petit bar du quartier de la Guillotière. On rit bien… Max et Anouk boivent quelques bières, Clara s'abstient,

cake," explains Céline, for the details.

- Ah, but it's really funny! Is Mattéo going to be under the table? exclaims Clara.

- Oh, yes! Just like every year! Most people buy their galette des rois in a bakery, but we make it at home, because we love baking. That's tomorrow morning's program!"

Clara is delighted. Her second weekend in France is already an opportunity to learn more about French traditions. Later, as she strolls through Lyon, she sees people lining up in bakeries to buy galettes des rois, complete with golden cardboard crowns.

In the evening, Céline and Clara go for a hot chocolate with friends. Max is there with his girlfriend, Anouk. It's a shame, because Clara found Max very charming... C'est la vie, as the French say! And Anouk seems very nice, so she prefers to make a new friend. She discovers that Anouk is at the same university as her, but she's studying modern literature. Valentine came along too, as Clara wanted to see her again.

The five friends have a great time in this small bar in the Guillotière district. They share a good laugh... Max and Anouk drink a few beers,

elle n'est pas encore majeure. La discussion s'éternise un peu, puis les filles rentrent à la maison, un peu avant minuit, même si elles ont envie de rester un peu plus longtemps. Max, Anouk et Valentine restent un peu plus tard.

En rentrant à pied, Clara admire les lumières de la ville. Tout est si différent, la nuit. Les bâtiments sont éclairés et on apprécie mieux les architectures. Elles traversent le Rhône, regardent la rivière, prennent quelques photos. Puis elles passent dans le centre-ville, rue de la République. Les magasins sont fermés mais les vitrines sont éclairées. La rue est piétonne et elle est très grande, c'est très agréable de se promener, même s'il fait très froid. Clara réalise qu'elle est heureuse, chanceuse, et elle sourit à cette ville qu'elle aime déjà. Avec Céline, elles s'entendent très bien et elles parlent sans arrêt.

Bien sûr, Clara cherche ses mots. Mais elle apprend très vite de nouveaux mots et elle se sent de plus en plus confortable. Arrivées à la maison, Clara et Céline vont se brosser les dents sans faire de bruit, puis elles vont se coucher. Clara essaye de lire quelques pages de son livre mais elle s'endort très vite.

Le lendemain matin, dimanche, c'est Céline qui la réveille en frappant doucement à la porte de sa chambre :

but Clara refrains, as she's not yet of age. The discussion drags on for a while, then the girls head home a little before midnight, even if they feel like staying a little longer. Max, Anouk and Valentine stay a little later.

Walking home, Clara admires the city lights. Everything looks so different at night. The buildings are lit up, and the architecture is better appreciated. They cross the Rhône, look at the river and take a few photos. Then they move on to downtown, République road. The stores are closed, but the windows are lit up. The street is pedestrianized and very wide, so it's very pleasant to walk around, even though it's very cold. Clara realizes that she is happy and lucky, and smiles at the city she already loves. She and Céline get on very well and talk non-stop.

Of course, Clara is at a loss for words. But she soon learns new words and feels increasingly comfortable. When they get home, Clara and Céline brush their teeth quietly, then go to bed. Clara tries to read a few pages of her book, but soon falls asleep.

The next morning, Sunday, it's Céline who wakes her up with a gentle knock on her bedroom door:

« Clara, croissant ou pain au chocolat ? Thé ou café ? demande-t-elle.	"Clara, croissant or pain au chocolat? Tea or coffee? she asks.
- Ooooh ! Merci ! Je me lève tout de suite ! répond-elle en ouvrant les yeux. »	- Ooooh! Thanks! I'll be right up! she replies, opening her eyes."
Clara se lève vite et va à la cuisine, en pyjama. Toute la famille est assise et ça sent bon le café. Clara prend une grande tasse de café, un croissant, et se fait une tartine de beurre et de confiture. So French ! Puis toute la famille se prépare pour la galette des rois et le repas de midi. La liste de courses est faite, Mattéo est envoyé au magasin pour acheter ce qu'il manque : de la poudre d'amande et du beurre.	Clara gets up quickly and goes to the kitchen in her pyjamas. The whole family is sitting down and it smells like coffee. Clara takes a large cup of coffee, a croissant and a slice of butter and jam. So French! Then the whole family gets ready for the galette des rois and lunch. The shopping list is drawn up, and Mattéo is sent to the store to buy what's missing: almond powder and butter.

Questions (Chapitre 5)

1. Qu'est ce que la famille de Céline a prévu pour fêter l'Épiphanie ? (plusieurs réponses possibles)
a) Ils vont dîner dehors
b) Ils vont faire une galette des rois
c) Ils restent chez eux en famille
d) Ils vont à l'église

2. L'une des affirmations suivantes n'est pas correcte :
a) L'Épiphanie est une tradition française
b) La galette des rois est un gâteau que l'on mange en dessert
c) Le plus jeune membre de la famille est celui qui distribue les parts de gâteau aux autres
d) On cache plusieurs petit objets en céramique dans la galette des rois

3. C'est qui Anouk ?
a) Une amie de Valentine
b) La serveuse du bar
c) La copine de Max
d) La voisine de Céline

4. Que font Clara et Céline après le bar ?
a) Elles rentrent à la maison en taxi
b) Elles rentrent à la maison à pied
c) Elles vont dans un autre bar
d) Elles vont chez Valentine

5. Qu'est-ce que Clara prend comme petit-déjeuner le dimanche matin ? (plusieurs réponses possibles)

Questions (Chapter 5)

1. What has Céline's family planned for Epiphany? (several answers possible)
a) They're going out for dinner
b) They're going to make a galette des rois
c) They're staying at home with their family
d) They're going to church

2. One of the following statements is not correct:
a) Epiphany is a French tradition
b) La galette des rois is a cake eaten for dessert
c) The youngest member of the family is the one who distributes the cake to the others
d) Several small ceramic objects are hidden in the galette des rois.

3. Who's Anouk?
a) Valentine's friend
b) The waitress at the bar
c) Max's girlfriend
d) Céline's neighbor

4. What do Clara and Céline do after the bar?
a) Take a cab home
b) Walk home
c) Go to another bar
d) They go to Valentine's

5. What does Clara have for breakfast on Sunday morning? (several answers possible)

a) Une tasse de café
b) Un jus d'orange
c) Un pain au chocolat
d) Une tartine de beurre et de confiture

a) A cup of coffee
b) Orange juice
c) A pain au chocolat
d) Toast with butter and jam

6. La célébration de l'Épiphanie

Mattéo revient des courses, les **bras** chargés de nourriture. En effet, en plus du beurre et de la poudre d'amande, sa mère lui demande de **rapporter** d'autres choses : du café, de la confiture, des **pâtes**, des oignons, des **carottes** et des croquettes pour Merlin, le **chat**. Car il y a un chat dans l'appartement. Clara n'aime pas beaucoup les chats, elle les trouve arrogants et imprévisibles. Mais ce chat est vieux et gros, et il **passe le plus clair de son temps à** dormir près de la cheminée : rien à craindre de lui.

Céline vient aider Mattéo à décharger les courses, dans le **frigo** et dans le placard. Puis elle invite Clara à l'**aider** dans la cuisine.

Bras (m) (nom commun) : arm
Rapporter (verbe) : to bring back
Pâte (f) (nom commun) : pastry, dough
Carotte (f) (nom commun) : carrot
Chat (m) (nom commun) : cat
Passer le plus clair de son temps à (locution verbale) : to spend most of your time doing something
Frigo (m) (nom commun) : fridge, refrigerator

Aider (verbe) : to help

« Je vais te **montrer** comment on fait la galette des rois ! lui dit-elle. D'abord, on sort les **pâtes feuilletées** du frigo.

- Il en faut deux ? s'étonne Clara.

- Oui, une **dessus**, et une **dessous**.

- Et tu ne fais pas la pâte feuilletée toi-même ? ajoute Clara.

- **Mon Dieu**, non ! C'est beaucoup trop long et compliqué ! Il faut beaucoup de beurre, **étaler** les pâtes mille fois, quel ennui… Donc, on sort la pâte du frigo **en avance**. Ensuite on prépare la frangipane. Regarde, c'est **facile** : du beurre mou, des œufs, du sucre et de la poudre d'amande. On ajoute un peu de vanille, et on **mélange** bien ! C'est la poudre d'amande qui donne son **goût** merveilleux à la frangipane, explique Céline.

- Et le beurre ! ajoute Patrick, le père de famille, en riant.

- Certes ! Céline rit aussi. Ensuite, tu étales tout simplement la première pâte au fond de ton **moule à tarte**, comme ça. Puis tu étales ta frangipane uniformément, et tu glisses la fève quelque part ! Vas-y ! **Enfin**, tu couvres la galette avec l'autre pâte feuilletée. Tu vois, ça n'est pas compliqué ! »

Montrer (verbe) : to show
Pâte Feuilletée (adjectif) : puff pastry
Dessus (préposition) : on, above
Dessous (préposition) : under, underneath
Mon Dieu ! (interjection) : my God!, oh my God!
Étaler (verbe) : to spread
En avance (locution adverbiale) : early, ahead of time, in advance
Facile (adjectif) : easy, simple
Mélanger (verbe) : to mix, to mix up
Goût (m) (nom commun) : taste
Moule à tarte (m) (nom commun) : pie plate
Enfin (adverbe) : finally, lastly

Clara observe avec attention les **gestes** précis de Céline. Avec un œuf battu et un **pinceau de cuisine**, elle **colle** les **bords** des pâtes feuilletées entre elles.

Puis elle dessine délicatement, à l'aide d'un couteau, un motif sur le dessus de la galette. **Pour finir**, avec le pinceau, elle couvre la galette de jaune d'œuf, pour faire dorer la pâte à la cuisson. C'est prêt à aller au **four** !

Le four est **préchauffé** à 180°C. Clara n'est pas habituée aux degrés Celsius, environ 350°F. Elle met la tarte au four. La **cuisson** est rapide : une demi-heure. En attendant, Céline et elle préparent une salade verte, une sauce vinaigrette et elles aident à **éplucher** les carottes et les oignons. Les parents, Florence et Patrick, boivent un verre de vin pour l'apéritif, Mattéo joue à la console à côté du chat. **En fond** sonore, il y a de la musique.

Clara pense que c'est une très jolie ambiance, une atmosphère **chaleureuse** et confortable. Elle met la table et s'assoit sur le canapé en regardant son téléphone. Elle a un message de Valentine : « Si tu veux, mardi matin, on peut se retrouver à la **bibliothèque** pour réviser ensemble. Je te donnerai mes cours du semestre et mes fiches de révision. Je t'expliquerai comment se passent les partiels. Bon dimanche ! » Elle **répond** tout de suite : « Bien sûr ! Merci pour l'invitation ! On se voit demain, bonne Épiphanie ! »

Geste (m) (nom commun) : gesture, movement
Pinceau de cuisine (m) (nom commun) : pastry brush
Coller (verbe) : to stick, to press, to glue
Bord (m) (nom commun) : edge
Pour finir (locution adverbiale) : finally, to finish
Four (m) (nom commun) : oven
Préchauffé (adjectif) : preheated
Cuisson (f) (nom commun) : baking
Éplucher (verbe) : to peel
En fond (locution adverbiale) : in the background
Chaleureuse (adjectif) : warm
Bibliothèque (f) (nom commun) : library
Répondre (verbe) : to answer, to reply

Elle pose son téléphone, ça **sent** bon dans la cuisine : c'est l'heure de passer à table ! Même le chat se lève et se dirige vers la cuisine. Le repas est très bon, tout le monde **discute** et rit. Clara a hâte de passer au dessert… Tout se passe comme Céline lui avait expliqué : Mattéo va sous la table, on coupe la galette. Puis Florence appelle : « c'est pour qui **celle-ci** ? Et **celle-là** ? Pour qui celle-ci ? » Mattéo, à chaque fois, nomme un membre de la famille.

Puis, chacun **se régale**. Mais Clara **mord** dans quelque chose de dur ! « J'ai la fève ! » s'écrie-t-elle. Alors, Céline prend la couronne de carton doré et la pose sur la **tête** de Clara.

« C'est toi la reine pour l'année ! dit-elle.

- Mais qu'est-ce que ça change ? demande Clara.

- **Rien du tout**, c'est juste aujourd'hui. Demain, on n'en parlera déjà plus, répond Mattéo.

- Mattéo, je crois que tu es **jaloux** ! dit Patrick en riant. »

Sentir (verbe) : to smell
Discuter (verbe) : to talk about
Celle-ci (pronom) : this one
Celle-là (pronom) : that one
Se régaler (verbe) : to enjoy a dish
Mordre (verbe) : to bite
Tête (f) (nom commun) : head
Rien du tout (expression) : not a thing, nothing at all
Jaloux (adjectif) : jealous

Le repas est terminé. Tout le monde aide à **ranger** la cuisine et Patrick prépare un café. Mattéo va **dans** sa chambre, et les filles regardent une série dans le salon. Florence s'inquiète : elles devraient être en train de réviser ! Toutes les deux promettent de travailler après la série. Ce qu'elles font : une fois la série terminée, elles vont dans la chambre de Céline et regardent les cours de Clara, ainsi que le programme des partiels. Céline donne des **conseils** d'organisation pour les révisions : les matières les plus importantes, les types d'examens. Clara voit un peu plus **clair**, mais elle est un peu inquiète. Mais elle sait que mardi matin, elle va passer la matinée avec Valentine pour échanger sur les cours et les révisions.

Elle **laisse** Céline réviser ses cours de droit et elle va dans sa chambre. Au moment où elle ouvre la porte, Merlin, le chat, se faufile… Bon, d'accord ! Elle entre et voit le chat déjà confortablement installé sur son lit. Elle le laisse faire, et le trouve même **attendrissant**. Peut-être qu'ils vont bien s'entendre ! Clara se met à son bureau et, armée de son dictionnaire, se met à relire ses cours du premier semestre. Une grande partie sont en anglais, les

cours qu'elle a pris **chez** elle. Mais elle sait que les cours ont pu être différents pour les étudiants en France. Elle prend des notes et espère que ce travail n'est pas perdu.

Quand vient le soir, tout le monde se réunit pour le dîner, et chacun va se coucher tôt. Clara commence un livre en français : il est temps de développer son vocabulaire !

Ranger (verbe) : to tidy up, to clean
Dans (préposition) : in, inside
Conseil (m) (nom commun) : advice, suggestion, recommendation
Clair (adjectif) : clear (in this context)
Laisser (verbe) : to leave, to let
Attendrissant (adjectif) : sweet, touching
Chez (adjectif) : at
Quand (adverbe) : when

Questions (Chapitre 6)

1. Qu'est-ce que Mattéo a acheté à l'épicerie ? (plusieurs réponses possibles)
a) Des œufs
b) De la poudre d'amande
c) Du café
d) Du poivre

2. Comment s'appelle le chat de la famille?
a) Max
b) Minou
c) Moustache
d) Merlin

3. Qui a fait la galette des rois ?
a) Céline
b) Florence, la mère de Céline
c) Patrick, le père de Céline
d) Clara

4. Qui a trouvé la fève dans la galette des rois ?
a) Céline
b) Clara
c) Mattéo
d) Florence

5. Mettez les phrases suivantes dans l'ordre chronologique. Après le repas, Clara et Céline :
a) Regardent une série dans le salon
b) Vont se coucher
c) Aident à ranger la cuisine
d) Révisent les cours et le programme des partiels

6. La célébration de l'Épiphanie

Mattéo revient des courses, les bras chargés de nourriture. En effet, en plus du beurre et de la poudre d'amande, sa mère lui demande de rapporter d'autres choses : du café, de la confiture, des pâtes, des oignons, des carottes et des croquettes pour Merlin, le chat. Car il y a un chat dans l'appartement. Clara n'aime pas beaucoup les chats, elle les trouve arrogants et imprévisibles. Mais ce chat est vieux et gros, et il passe le plus clair de son temps à dormir près de la cheminée : rien à craindre de lui.

Céline vient aider Mattéo à décharger les courses, dans le frigo et dans le placard. Puis elle invite Clara à l'aider dans la cuisine.

« Je vais te montrer comment on fait la galette des rois ! lui dit-elle. D'abord, on sort les pâtes feuilletées du frigo.

- Il en faut deux ? s'étonne Clara.

- Oui, une dessus, et une dessous.

- Et tu ne fais pas la pâte feuilletée toi-même ? ajoute Clara.

- Mon Dieu, non ! C'est beaucoup trop long et compliqué ! Il faut beaucoup de beurre, étaler les pâtes mille fois,

6. The Epiphany celebration

Mattéo is back from the shops, his arms full of food. In addition to butter and almond powder, his mother has asked him to bring back a few other things: coffee, jam, pasta, onions, carrots and kibble for Merlin, the cat. Because there's a cat in the apartment. Clara doesn't like cats very much, finding them arrogant and unpredictable. But this cat is old and fat, and spends most of his time sleeping by the fireplace: nothing to fear from him.

Céline comes to help Mattéo unload the groceries from the fridge and the cupboard. Then she invites Clara to help her in the kitchen.

"I'll show you how to make the galette des rois, she says. First, we take the puff pastry out of the fridge.

- You need two of them, right? Clara wonders.

- Yes, one on top and one underneath.

- And you don't make the puff pastry yourself? adds Clara.

- God, no! It's far too long and complicated! You need a lot of butter, you have to roll out the dough

quel ennui… Donc, on sort la pâte du frigo en avance. Ensuite on prépare la frangipane. Regarde, c'est facile : du beurre mou, des œufs, du sucre et de la poudre d'amande. On ajoute un peu de vanille, et on mélange bien ! C'est la poudre d'amande qui donne son goût merveilleux à la frangipane, explique Céline.

- Et le beurre ! ajoute Patrick, le père de famille, en riant.

- Certes ! Céline rit aussi. Ensuite, tu étales tout simplement la première pâte au fond de ton moule à tarte, comme ça. Puis tu étales ta frangipane uniformément, et tu glisses la fève quelque part ! Vas-y ! Enfin, tu couvres la galette avec l'autre pâte feuilletée. Tu vois, ça n'est pas compliqué ! »

Clara observe avec attention les gestes précis de Céline. Avec un œuf battu et un pinceau de cuisine, elle colle les bords des pâtes feuilletées entre elles. Puis elle dessine délicatement, à l'aide d'un couteau, un motif sur le dessus de la galette. Pour finir, avec le pinceau, elle couvre la galette de jaune d'œuf, pour faire dorer la pâte à la cuisson. C'est prêt à aller au four !

Le four est préchauffé à 180°C. Clara n'est pas habituée aux degrés Celsius, environ 350°F. Elle met la tarte au four. La cuisson est rapide : une demi-heure. En attendant, Céline et elle préparent une salade

a thousand times, what a bore... So we take the dough out of the fridge in advance. Then we prepare the frangipane. Look, it's easy: soft butter, eggs, sugar and almond powder. Add a little vanilla and mix well! It's the almond powder that gives frangipane its wonderful taste, explains Céline.

- And the butter! adds Patrick, the father of the family, laughing.

- Of course! Céline laughs too. Then you simply spread the first pastry in the bottom of your tart tin, like so. Then you spread your frangipane evenly, and slip the bean in somewhere! Go on! Finally, you cover the galette with the other puff pastry. You see, it's not complicated!"

Clara carefully observes Céline's precise movements. Using a beaten egg and a kitchen brush, she glues the edges of the puff pastry together. Then, using a knife, she delicately draws a pattern on the top of the galette. Finally, using the brush, she covers the galette with egg yolk, to brown the pastry as it cooks. Ready for the oven!

The oven is preheated to 180°C. Clara is not used to Celsius degrees, around 350°F. She puts the tart in the oven. It cooks quickly: half an hour. Meanwhile, she and Céline prepare a green salad and vinaigrette, and

verte, une sauce vinaigrette et elles aident à éplucher les carottes et les oignons. Les parents, Florence et Patrick, boivent un verre de vin pour l'apéritif, Mattéo joue à la console à côté du chat. En fond sonore, il y a de la musique.

Clara pense que c'est une très jolie ambiance, une atmosphère chaleureuse et confortable. Elle met la table et s'assoit sur le canapé en regardant son téléphone. Elle a un message de Valentine : « Si tu veux, mardi matin, on peut se retrouver à la bibliothèque pour réviser ensemble. Je te donnerai mes cours du semestre et mes fiches de révision. Je t'expliquerai comment se passent les partiels. Bon dimanche ! » Elle répond tout de suite : « Bien sûr ! Merci pour l'invitation ! On se voit demain, bonne Épiphanie ! »

Elle pose son téléphone, ça sent bon dans la cuisine : c'est l'heure de passer à table ! Même le chat se lève et se dirige vers la cuisine. Le repas est très bon, tout le monde discute et rit. Clara a hâte de passer au dessert… Tout se passe comme Céline lui avait expliqué : Mattéo va sous la table, on coupe la galette. Puis Florence appelle : « c'est pour qui celle-ci ? Et celle-là ? Pour qui celle-ci ? » Mattéo, à chaque fois, nomme un membre de la famille.

Puis, chacun se régale. Mais Clara mord dans quelque chose de dur !

help peel the carrots and onions. The parents, Florence and Patrick, drink a glass of wine for the aperitif, and Mattéo plays the console next to the cat. Music plays in the background.

Clara thinks it's a lovely ambience, warm and comfortable. She sets the table and sits on the sofa, looking at her phone. She has a message from Valentine: "If you like, on Tuesday morning we can meet in the library to study together. I'll give you my courses for the semester and my revision sheets. I'll explain how the midterms work. Have a good Sunday!" She immediately replies: "Of course! Thanks for the invitation! See you tomorrow, happy Epiphany!"

She puts her phone down, it smells good in the kitchen: it's time to sit at the table! Even the cat gets up and heads for the kitchen. The meal is very good, with everyone chatting and laughing. Clara can't wait for dessert... Everything goes just as Céline had explained: Mattéo goes under the table, and the galette is cut. Then Florence calls out: "Who's this one for? And this one? Who's this one for?" Each time, Mattéo names a family member.

Then everyone enjoys themselves. But Clara bites into something hard!

« J'ai la fève ! » s'écrie-t-elle. Alors, Céline prend la couronne de carton doré et la pose sur la tête de Clara.	"I've got the bean!" she cries. Then Céline takes the golden cardboard crown and places it on Clara's head.
« C'est toi la reine pour l'année ! dit-elle.	"You're queen for the year, she says.
- Mais qu'est-ce que ça change ? demande Clara.	- But what's the difference? asks Clara.
- Rien du tout, c'est juste aujourd'hui. Demain, on n'en parlera déjà plus, répond Mattéo.	- Nothing at all, it's just today. Tomorrow we won't even be talking about it, replies Mattéo.
- Mattéo, je crois que tu es jaloux ! dit Patrick en riant. »	- Mattéo, I think you're jealous! laughs Patrick."
Le repas est terminé. Tout le monde aide à ranger la cuisine et Patrick prépare un café. Mattéo va dans sa chambre, et les filles regardent une série dans le salon. Florence s'inquiète : elles devraient être en train de réviser ! Toutes les deux promettent de travailler après la série. Ce qu'elles font : une fois la série terminée, elles vont dans la chambre de Céline et regardent les cours de Clara, ainsi que le programme des partiels. Céline donne des conseils d'organisation pour les révisions : les matières les plus importantes, les types d'examens. Clara voit un peu plus clair, mais elle est un peu inquiète. Mais elle sait que mardi matin, elle va passer la matinée avec Valentine pour échanger sur les cours et les révisions.	The meal is over. Everyone helps tidy up the kitchen and Patrick prepares a coffee. Mattéo goes to his room, and the girls watch a series in the living room. Florence worries: they should be revising! They both promise to work after the show. What they do: once the series is over, they go to Céline's room and look at Clara's lessons and exam syllabus. Céline gives them advice on how to organize their revision: the most important subjects, the types of exams. Clara sees things a little more clearly, but she's still a little worried. But she knows that on Tuesday morning, she'll be spending the morning with Valentine, discussing classes and revision.
Elle laisse Céline réviser ses cours	She leaves Céline to revise her law

de droit et elle va dans sa chambre. Au moment où elle ouvre la porte, Merlin, le chat, se faufile… Bon, d'accord ! Elle entre et voit le chat déjà confortablement installé sur son lit. Elle le laisse faire, et le trouve même attendrissant. Peut-être qu'ils vont bien s'entendre ! Clara se met à son bureau et, armée de son dictionnaire, se met à relire ses cours du premier semestre. Une grande partie sont en anglais, les cours qu'elle a pris chez elle. Mais elle sait que les cours ont pu être différents pour les étudiants en France. Elle prend des notes et espère que ce travail n'est pas perdu.

Quand vient le soir, tout le monde se réunit pour le dîner, et chacun va se coucher tôt. Clara commence un livre en français : il est temps de développer son vocabulaire !

Questions (Chapitre 6)

1. Qu'est-ce que Mattéo a acheté à l'épicerie ? (plusieurs réponses possibles)
a) Des œufs
b) De la poudre d'amande
c) Du café
d) Du poivre

2. Comment s'appelle le chat de la famille?
a) Max
b) Minou
c) Moustache
d) Merlin

3. Qui a fait la galette des rois ?
a) Céline
b) Florence, la mère de Céline
c) Patrick, le père de Céline
d) Clara

4. Qui a trouvé la fève dans la galette des rois ?
a) Céline
b) Clara
c) Mattéo
d) Florence

5. Mettez les phrases suivantes dans l'ordre chronologique. Après le repas, Clara et Céline :
a) Regardent une série dans le salon
b) Vont se coucher
c) Aident à ranger la cuisine
d) Révisent les cours et le programme des partiels

Questions (Chapter 6)

1. What did Mattéo buy at the grocery store? (several answers possible)
a) Eggs
b) Almond powder
c) Coffee
d) Pepper

2. What's the name of the family cat?
a) Max
b) Minou
c) Moustache
d) Merlin

3. Who made the galette des rois?
a) Céline
b) Florence, Céline's mother
c) Patrick, Céline's father
d) Clara

4. Who found the bean in the galette des rois?
a) Céline
b) Clara
c) Mattéo
d) Florence

5. Put the following sentences in chronological order. After dinner, Clara and Céline :
a) Watch a series in the living room
b) Go to bed
c) Help tidy up the kitchen
d) Go over lessons and exam syllabus

7. Partiels du premier semestre : révisions et stress

La **semaine** commence fort pour les filles : les cours, les révisions… Clara réalise que son agenda va être bien chargé dans les semaines à venir. Pas de temps à perdre, il faut être sérieuse en cours et travailler **dur** pour les examens.

Le lundi se passe très bien. Elle retrouve ses nouveaux amis à la fac, **notamment** Valentine, avec laquelle elle **suit** la plupart des cours. Valentine, adorable, a pensé à prendre avec elle ses cours du premier semestre. Clara va pouvoir les photocopier à la fin de la journée. « Tu me les rendras demain à la bibliothèque, d'accord ? » lui dit-elle. C'est beaucoup de notes ! Clara est un peu **effrayée**. Mais Valentine la rassure : « N'oublie pas que tu es étudiante étrangère ! Tu as le droit d'avoir un dictionnaire, tu as plus de temps que nous **autres** pour les examens, et les professeurs seront sympa avec toi ! »

Clara avait oublié ce détail. Bien sûr, les professeurs devraient être indulgents… Un peu **moins** stressée, elle assiste aux cours toute la journée, fait un maximum d'efforts pour suivre et, en fin d'après-midi, elle se rend à la bibliothèque universitaire pour faire les photocopies des cours de Valentine. Elle **profite** d'être là pour faire quelques recherches, des livres qui lui ont été

conseillés pour **se mettre à jour** sur les notions importantes en histoire de l'art. Le plus important, c'est déjà d'être plus familière avec l'histoire de l'art européen. Mais elle a **aussi** des cours d'histoire de l'art africain, des cours théoriques… Elle se répète, pour se convaincre et se rassurer : « Vas-y **pas à pas**, progressivement. Tu vas y arriver ! »

Semaine (f) (nom commun) : week
Dur (adjectif) : hard
Notamment (adverbe) : especially, particularly, in particular
Suivre (verbe) : to take a course / a class (in this context)
Effrayé (adjectif) : frightened, scared, afraid
Autres (pronom) : others, the others, the rest
Moins (adverbe) : less
Profiter (verbe) : to take advantage of
Se mettre à jour (locution verbale) : to catch up
Aussi (adverbe) : too, also, as well
Pas à pas (locution adverbiale) : step by step

Elle reste **tard** à la bibliothèque. Assise à un **bureau**, avec une petite lampe, elle lit, prend des notes, cherche des mots dans son dictionnaire… C'est quand son téléphone **s'allume** qu'elle réalise qu'il est déjà 20 heures ! C'est Céline qui lui écrit un message : « Eh, Clara, **toujours** à la fac ? Je passe te prendre ? » Oh là là ! Oui, avec plaisir, se dit-elle ! Elle répond, et les deux amies se donnent rendez-vous dix minutes plus tard en bas de la bibliothèque, sur les quais du Rhône.

Elles marchent ensemble jusqu'à l'appartement familial, en discutant. Clara est fatiguée ! Quand elles arrivent à la maison, **pourtant**, elle se remet au travail. Après le dîner, elle reprend ses lectures et ce n'est qu'à 23 heures qu'elle ferme l'œil.

Le reste de la semaine va se passer **ainsi** : rencontres avec Valentine, révisions à la bibliothèque, petites marches avec Céline, qui est aussi stressée par ses examens. Dans deux semaines, c'est tout proche ! Valentine, que Clara rencontre presque tous les jours en cours ou à la bibliothèque, est d'une aide très **précieuse**. En plus de lui donner ses cours, elle répond à toutes ses questions, l'aide à **traduire**… C'est vraiment une fille formidable. En plus, elle est très jolie, très drôle et très gentille. Clara et elle **deviennent** très **amies**, très rapidement.

Tard (adverbe) : late
Bureau (m) (nom commun) : desk (in this context)
S'allumer (verbe) : to light up (in this context)
Toujours (adverbe) : still (in this context)
Pourtant (adverbe) : however
Ainsi (adverbe) : in this way, like this
Précieux (adjectif) : precious, invaluable
Traduire (verbe) : to translate
Devenir amis (locution verbale) : to become friends

Les soirées sont également très chargées de travail. Céline et Clara prennent l'habitude de s'installer l'une **en face de** l'autre, avec leurs ordinateurs, sur le bureau du salon. Elles écoutent de la musique classique et boivent des litres de thé. Quand elles **prennent une pause** ensemble, elles vont faire un tour dans le quartier. Elles achètent une **pâtisserie**, et reviennent travailler. Clara n'a jamais senti son **cerveau** travailler autant ! Quand le week-end arrive enfin, elles sont toutes les deux si stressées, si concentrées sur leur travail, qu'elles commencent à rire pour un rien ! C'est une réaction nerveuse, mais c'est très drôle !

Florence les **met en garde** : « Les filles, il faut faire une pause ! Ne travaillez pas comme des **bêtes** tous les jours, vous allez tout mélanger ! » leur conseille-t-elle. Mais il fait très mauvais **dehors**, et elles n'ont pas envie de **sortir**... Finalement, elles décident d'aller au cinéma puis dans un petit restaurant dans le quartier. Et c'est vrai, cela fait du bien de prendre l'air et de penser à autre chose ! En rentrant à la maison, les deux amies discutent et rient, s'arrêtent pour boire un thé, regardent les passants, marchent encore, et arrivent à l'appartement à 21 heures, très fatiguées, heureuses et prêtes à dormir.

Et hop ! Le dimanche, elles se remettent toutes les deux au travail ! Les jours se suivent et se ressemblent, **pendant** encore une semaine. Valentine est invitée à passer quelques soirées chez Céline, pour aider Clara dans ses révisions. Florence aide beaucoup les filles : elle les encourage, leur cuisine de bons petits plats, leur prépare du thé. Les filles sont **chouchoutées**. Mais la fin de la seconde semaine **approche**... Et le niveau de stress ne fait qu'augmenter !

En face de (locution prépositive) : in front of
Prendre une pause (locution verbale) to take a break
Pâtisserie (f) (nom commun) : pastry, cake

Cerveau (m) (nom commun) : brain
Mettre en garde (locution verbale) : to warn
Bête (m) (nom commun) : animal, beast (in this context)
Dehors (adverbe) : outside, outdoors, out
Sortir (verbe) : to go out
Pendant (préposition) : during
Chouchouté (adjectif) : pampered
Approcher (verbe) : to come nearer, to come closer

Quand le premier lundi des examens arrive enfin, Clara n'a **presque** pas dormi. Ses rêves sont en anglais et en français, elle rêve qu'elle écrit en anglais pour ses partiels, mais que les professeurs lui **reprochent** de ne pas parler allemand **couramment**… Quelle angoisse ! Pourtant, les examens se passent plutôt bien pour elle. Bien sûr, elle fait des **fautes** de français. Bien sûr, elle **manque de confiance en elle** et, bien sûr, elle est convaincue d'avoir tout **raté**. Mais, en réalité, elle a des choses à écrire pour chaque matière, parvient à répondre aux questions, et elle doit bien l'**avouer** : ce n'est pas si mal pour une étrangère qui vient d'arriver à l'université française !

Céline, de son côté, est très **mécontente**. Elle a l'impression d'avoir tout, mais alors tout raté, vraiment. Elle est **triste** et de mauvaise humeur, et il lui faut deux jours à la fin, pour penser à autre chose. Et Valentine ? **Fidèle** à elle-même, de bonne humeur, elle pense qu'elle n'a pas tout réussi mais ne se fait pas trop de soucis. « Ça va aller, et puis, ce n'est pas trop grave si les notes ne sont pas très bonnes ! » répète-t-elle souvent.

Le plus important, c'est que les examens sont finis, et que la vie va pouvoir reprendre son cours normal.

Presque (adverbe) : almost, nearly
Reprocher (verbe) to reproach
Couramment (adverbe) : fluently (in this context)
Faute (f) (nom commun) : mistake
Manquer de confiance en soi (locution verbale) : to lack self-confidence
Rater (verbe) : to miss, to fail
Avouer (verbe) : to confess, to admit
Mécontent (adjectif, dans ce context) : discontented, dissatisfied
Triste (adjectif) : sad, upset
Fidèle (adjectif) : loyal, faithful

Questions (Chapitre 7)

1. Comment se sent Clara avant les partiels ? (plusieurs réponses possibles)
a) Stressée
b) Effrayée
c) Occupée
d) Détendue

2. Comment Clara se prépare-t-elle pour les partiels ? (plusieurs réponses possibles)
a) Elle achète quelques livres
b) Elle fait les photocopies des cours de Valentine
c) Elle étudie tous les jours à la bibliothèque
d) Elle prend des leçons privées

3. L'une des affirmations suivantes n'est pas correcte :
a) Valentine aide Clara dans ses révisions
b) Clara passe de longues heures chaque jour à la bibliothèque
c) Mattéo interrompt souvent Clara et Céline pendant qu'elles étudient
d) Clara et Céline font un tour dans le quartier quand elles prennent une pause ensemble

4. Comment Florence aide-t-elle Céline et Clara pendant les partiels ? (plusieurs réponses possibles)
a) Elle leur prépare du thé
b) Elle les aide à réviser leurs cours
c) Elle leur cuisine de bons petits plats
d) Elle les emmène à l'université en voiture

5. Pourquoi Céline est-elle mécontente quand les partiels sont finis ?
a) Car Clara ne l'a pas aidée
b) Car elle a manqué les examens
c) Car elle veut partir en vacances
d) Car elle a tout raté

7. Partiels du premier semestre : révisions et stress

La semaine commence fort pour les filles : les cours, les révisions… Clara réalise que son agenda va être bien chargé dans les semaines à venir. Pas de temps à perdre, il faut être sérieuse en cours et travailler dur pour les examens.

Le lundi se passe très bien. Elle retrouve ses nouveaux amis à la fac, notamment Valentine, avec laquelle elle suit la plupart des cours. Valentine, adorable, a pensé à prendre avec elle ses cours du premier semestre. Clara va pouvoir les photocopier à la fin de la journée. « Tu me les rendras demain à la bibliothèque, d'accord ? » lui dit-elle. C'est beaucoup de notes ! Clara est un peu effrayée. Mais Valentine la rassure : « N'oublie pas que tu es étudiante étrangère ! Tu as le droit d'avoir un dictionnaire, tu as plus de temps que nous autres pour les examens, et les professeurs seront sympa avec toi ! »

Clara avait oublié ce détail. Bien sûr, les professeurs devraient être indulgents… Un peu moins stressée, elle assiste aux cours toute la journée, fait un maximum d'efforts pour suivre et, en fin d'après-midi, elle se rend à la bibliothèque universitaire pour faire les photocopies des cours de Valentine. Elle profite d'être là pour faire quelques recherches, des

7. First-semester midterms: revision and stress

It's off to a great start for the girls: classes, revision… Clara realizes that her diary is going to be very full over the coming weeks. There's no time to lose: she has to be serious in class and work hard for her exams.

Monday goes very well. She meets up with her new friends at college, in particular Valentine, with whom she attends most of her classes. Valentine, who is adorable, thought to take her first semester's courses with her. Clara will be able to photocopy them at the end of the day. "You can return them to me tomorrow in the library, okay?" she says. That's a lot of notes! Clara is a little frightened. But Valentine reassures her: "Don't forget you're a foreign student! You're entitled to a dictionary, you have more time than the rest of us for exams, and the teachers will be nice to you!"

Clara had forgotten this detail. Of course, teachers should be lenient… A little less stressed, she attended classes all day, made a maximum effort to keep up and, at the end of the afternoon, went to the university library to make photocopies of Valentine's lectures. While she's there, she does a bit of research, checking out books that have been

livres qui lui ont été conseillés pour se mettre à jour sur les notions importantes en histoire de l'art. Le plus important, c'est déjà d'être plus familière avec l'histoire de l'art européen. Mais elle a aussi des cours d'histoire de l'art africain, des cours théoriques… Elle se répète, pour se convaincre et se rassurer : « Vas-y pas à pas, progressivement. Tu vas y arriver ! »

Elle reste tard à la bibliothèque. Assise à un bureau, avec une petite lampe, elle lit, prend des notes, cherche des mots dans son dictionnaire… C'est quand son téléphone s'allume qu'elle réalise qu'il est déjà 20 heures ! C'est Céline qui lui écrit un message : « Eh, Clara, toujours à la fac ? Je passe te prendre ? » Oh là là ! Oui, avec plaisir, se dit-elle ! Elle répond, et les deux amies se donnent rendez-vous dix minutes plus tard en bas de la bibliothèque, sur les quais du Rhône.

Elles marchent ensemble jusqu'à l'appartement familial, en discutant. Clara est fatiguée ! Quand elles arrivent à la maison, pourtant, elle se remet au travail. Après le dîner, elle reprend ses lectures et ce n'est qu'à 23 heures qu'elle ferme l'œil.

Le reste de la semaine va se passer ainsi : rencontres avec Valentine, révisions à la bibliothèque, petites marches avec Céline, qui est aussi stressée par ses examens. Dans deux semaines, c'est tout proche !

recommended to her to bring her up to date on important art-historical concepts. The most important thing is already to be more familiar with European art history. But she also has courses in African art history and theory… She repeats to herself, to convince and reassure herself: "Take it step by step, progressively. You'll get there!"

She stays late at the library. Sitting at a desk with a small lamp, she reads, takes notes, looks up words in her dictionary… It's when her phone comes on that she realizes it's already 8 p.m.! It's Céline writing her a message: "Hey, Clara, still at college? Can I pick you up?" Oh la la! Yes, with pleasure, she says to herself! She replies, and the two friends meet ten minutes later at the bottom of the library, on the banks of the Rhône.

They walk together to the family apartment, chatting away. Clara is tired! By the time they arrive home, however, she's back at work. After dinner, she resumes her reading and doesn't close her eyes until 11pm.

The rest of the week will pass like this: meetings with Valentine, revisions at the library, short walks with Céline, who is also stressed by her exams. In two weeks, it's just around the corner! Valentine, whom Clara

Valentine, que Clara rencontre presque tous les jours en cours ou à la bibliothèque, est d'une aide très précieuse. En plus de lui donner ses cours, elle répond à toutes ses questions, l'aide à traduire… C'est vraiment une fille formidable. En plus, elle est très jolie, très drôle et très gentille. Clara et elle deviennent très amies, très rapidement.

Les soirées sont également très chargées de travail. Céline et Clara prennent l'habitude de s'installer l'une en face de l'autre, avec leurs ordinateurs, sur le bureau du salon. Elles écoutent de la musique classique et boivent des litres de thé. Quand elles prennent une pause ensemble, elles vont faire un tour dans le quartier. Elles achètent une pâtisserie, et reviennent travailler. Clara n'a jamais senti son cerveau travailler autant ! Quand le week-end arrive enfin, elles sont toutes les deux si stressées, si concentrées sur leur travail, qu'elles commencent à rire pour un rien ! C'est une réaction nerveuse, mais c'est très drôle !

Florence les met en garde : « Les filles, il faut faire une pause ! Ne travaillez pas comme des bêtes tous les jours, vous allez tout mélanger ! » leur conseille-t-elle. Mais il fait très mauvais dehors, et elles n'ont pas envie de sortir… Finalement, elles décident d'aller au cinéma puis dans un petit restaurant dans le quartier. Et c'est vrai, cela fait du

meets almost every day in class or at the library, is a great help. As well as giving her lessons, she answers all her questions, helps her translate… She's really a wonderful girl. What's more, she's very pretty, very funny and very kind. She and Clara became friends fast.

The evenings are also very busy. Céline and Clara get into the habit of sitting opposite each other, with their computers, on the living room desk. They listen to classical music and drink gallons of tea. When they take a break together, they go for a walk in the neighborhood. They buy a pastry, and come back to work. Clara has never felt her brain work so hard! When the weekend finally arrives, they're both so stressed, so focused on their work, that they start laughing at the drop of a hat! It's a nervous reaction, but it's very funny!

Florence warns them: "Girls, you need to take a break! Don't work like animals every day, you'll mix everything up," she advises them. But it's very bad outside, and they don't feel like going out… Finally, they decide to go to the cinema and then to a little restaurant in the neighborhood. And it's true, it's good to get some fresh air and think about

bien de prendre l'air et de penser à autre chose ! En rentrant à la maison, les deux amies discutent et rient, s'arrêtent pour boire un thé, regardent les passants, marchent encore, et arrivent à l'appartement à 21 heures, très fatiguées, heureuses et prêtes à dormir.

Et hop ! Le dimanche, elles se remettent toutes les deux au travail ! Les jours se suivent et se ressemblent, pendant encore une semaine. Valentine est invitée à passer quelques soirées chez Céline, pour aider Clara dans ses révisions. Florence aide beaucoup les filles : elle les encourage, leur cuisine de bons petits plats, leur prépare du thé. Les filles sont chouchoutées. Mais la fin de la seconde semaine approche... Et le niveau de stress ne fait qu'augmenter !

Quand le premier lundi des examens arrive enfin, Clara n'a presque pas dormi. Ses rêves sont en anglais et en français, elle rêve qu'elle écrit en anglais pour ses partiels, mais que les professeurs lui reprochent de ne pas parler allemand couramment... Quelle angoisse ! Pourtant, les examens se passent plutôt bien pour elle. Bien sûr, elle fait des fautes de français. Bien sûr, elle manque de confiance en elle et, bien sûr, elle est convaincue d'avoir tout raté. Mais, en réalité, elle a des choses à écrire pour chaque matière, parvient à répondre aux questions, et elle doit

something else! On the way home, the two friends chat and laugh, stop for tea, look at passers-by, walk some more, and arrive at the apartment at 9 p.m., very tired, happy and ready to sleep.

And off they go! On Sunday, they both go back to work! One day follows another, for another week. Valentine is invited to spend a few evenings at Céline's to help Clara with her revision. Florence is a great help to the girls: she encourages them, cooks them tasty meals and makes them tea. The girls are pampered. But the end of the second week is approaching... and the stress level is rising!

When the first Monday of exams finally arrives, Clara has hardly slept at all. Her dreams are in English and French, she dreams that she's writing in English for her exams, but that the teachers are criticizing her for not being fluent in German... What anxiety! However, the exams go quite well for her. Of course, she makes mistakes in French. Sure, she lacks self-confidence and, sure, she's convinced she's failed everything. But, in reality, she has things to write about in every subject, manages to answer the questions, and she has to admit: that's not bad for a foreigner

bien l'avouer : ce n'est pas si mal pour une étrangère qui vient d'arriver à l'université française ! who's just arrived at a French university!

Céline, de son côté, est très mécontente. Elle a l'impression d'avoir tout, mais alors tout raté, vraiment. Elle est triste et de mauvaise humeur, et il lui faut deux jours à la fin, pour penser à autre chose. Et Valentine ? Fidèle à elle-même, de bonne humeur, elle pense qu'elle n'a pas tout réussi mais ne se fait pas trop de soucis. « Ça va aller, et puis, ce n'est pas trop grave si les notes ne sont pas très bonnes ! » répète-t-elle souvent.

Céline, for her part, is very unhappy. She feels like she's really missed out on everything. She's sad and moody, and it takes her two days at the end to think about anything else. And Valentine? True to form, in good spirits, she thinks she hasn't achieved everything, but doesn't worry too much. "It'll be fine, it's not too serious if the marks aren't very good," she often repeats.

Le plus important, c'est que les examens sont finis, et que la vie va pouvoir reprendre son cours normal.

The most important thing is that the exams are over, and life can get back to normal.

Questions (Chapitre 7)

1. Comment se sent Clara avant les partiels ? (plusieurs réponses possibles)
a) Stressée
b) Effrayée
c) Occupée
d) Détendue

2. Comment Clara se prépare-t-elle pour les partiels ? (plusieurs réponses possibles)
a) Elle achète quelques livres
b) Elle fait les photocopies des cours de Valentine
c) Elle étudie tous les jours à la bibliothèque
d) Elle prend des leçons privées

3. L'une des affirmations suivantes n'est pas correcte :
a) Valentine aide Clara dans ses révisions
b) Clara passe de longues heures chaque jour à la bibliothèque
c) Mattéo interrompt souvent Clara et Céline pendant qu'elles étudient
d) Clara et Céline font un tour dans le quartier quand elles prennent une pause ensemble

4. Comment Florence aide-t-elle Céline et Clara pendant les partiels ? (plusieurs réponses possibles)
a) Elle leur prépare du thé
b) Elle les aide à réviser leurs cours
c) Elle leur cuisine de bons petits plats

Questions (Chapter 7)

1. How does Clara feel before the exams? (several answers possible)
a) Stressed
b) Scared
c) Busy
d) Relaxed

2. How is Clara preparing for the exams? (several answers possible)
a) Buys a few books
b) She photocopies Valentine's lessons
c) She studies every day in the library
d) Takes private lessons

3. One of the following statements is not correct:
a) Valentine helps Clara with her revision
b) Clara spends long hours every day in the library
c) Mattéo often interrupts Clara and Céline while they study
d) Clara and Céline take a walk around the neighborhood when they take a break together

4. How does Florence help Céline and Clara during midterms? (several answers possible)
a) She makes them tea
b) She helps them revise her lessons
c) Cooks delicious meals for them
d) Picks them up from university by car

d) Elle les emmène à l'université en voiture

5. Pourquoi Céline est-elle mécontente quand les partiels sont finis ?
a) Car Clara ne l'a pas aidée
b) Car elle a manqué les examens
c) Car elle veut partir en vacances
d) Car elle a tout raté

5. Why is Céline unhappy when the exams are over?
a) Because Clara didn't help her
b) Because she missed the exams
c) Because she wants to go on vacation
d) Because she failed everything

8. Restaurant entre amis pour fêter la fin des examens

Clara et Céline sont **épuisées** par les examens. Heureusement, il y a une semaine de **vacances** juste après ! Elles peuvent se reposer, prendre leur temps, se promener, aller au cinéma, rencontrer des amis, lire au coin du feu, cuisiner… La vie **s'écoule** doucement pendant cette semaine de fin d'examens. Clara **est aux anges**, elle s'exerce en français, et elle commence à tenir un blog sur son **séjour** en France. C'est pour ses amis qui sont restés aux États-Unis : elle veut raconter sa vie en France, parler des différences culturelles… Et en même temps, cela lui permet de pratiquer son écrit. Elle écrit en français et en anglais, il y a donc deux versions du blog. C'est du **travail**, mais ça l'amuse !

Quand le vendredi soir arrive, les filles se retrouvent, fatiguées mais contentes, chez elles, devant un bon film et avec une pizza. Détente au programme ! Et aussi, elles **prévoient** une sortie entre amis pour le lendemain. Elles choisissent un restaurant où Céline n'est jamais allée, c'est plus sympa.

Épuisé (adjectif) : exhausted, worn out
Vacances (f, pl) (nom commun) : holidays, vacation
S'écouler (verbe) : to flow, to pass

Être aux anges (locution verbale) : to be beside yourself with joy, to be ecstatic
Séjour (m) (nom commun) : stay
Travail (m) (nom commun) : work
Prévoir (verbe) : to plan, to organize (in this context)

« Le Bouchon des filles ! Quel **drôle de** nom, s'étonne Clara.

- Ah, tu ne sais pas ce que c'est un bouchon ? répond Céline.

- Un bouchon, ce n'est pas quand il y a du trafic sur la route ?

- Ah ha ! **Bien vu**, bonne idée ! Mais non, pas là, explique Céline. **D'ailleurs**, un bouchon, c'est d'abord le **truc** qui sert à fermer les bouteilles. Quand il y a trop de trafic et que les voitures sont bloquées, on appelle ça aussi un bouchon, c'est vrai. Mais à Lyon, un bouchon, c'est autre chose. C'est très traditionnel, les bouchons lyonnais : il s'agit de restaurants. Dans un bouchon lyonnais, on mange de la cuisine lyonnaise, c'est souvent **à base de** porc, il y a des quenelles, du fromage, de la salade de lentilles… Et surtout, on mange sur de grandes tables et on ne choisit que le plat principal : les entrées et les fromages sont les mêmes pour tout le monde. En fait, c'est très familial et vraiment sympa.

- Oh, ça a l'air chouette ! Et **pourquoi** « des filles » ?

- Je ne sais pas, mais c'est sûrement dirigé par des femmes. La cuisine en France, c'est toujours un **milieu** très masculin – mais ça commence à changer. **Cependant**, à Lyon, beaucoup de femmes ont une bonne réputation en cuisine depuis longtemps. On appelle les cheffes de Lyon les « mères lyonnaises. » Elles sont très respectées dans le milieu gastronomique. Mais, au fait, tu sais que Lyon a été nommée capitale **mondiale** de la Gastronomie ?

- Non, je ne savais pas ! C'est vrai qu'on mange bien ici, **reconnaît** Clara.

- Oui, et il y a beaucoup de spécialités différentes, très spécifiques à Lyon. Bon, allez, on va **réserver** au Bouchon des filles pour demain soir, c'est sûrement très bon. Mais c'est toi qui vas faire la réservation au téléphone !

- Ok ! Passe-moi le téléphone ! Nous serons **combien** ? Sept ? Ok, merci ! »

Drôle de (adjectif + préposition) : odd, strange
Bien vu ! (interjection) : well spotted!, good catch!
D'ailleurs (locution adverbiale) : by the way, for that matter
Truc (m) (nom commun) : thing, stuff (in this context)
À base de (locution prépositive) : made from, made using
Pourquoi (adverbe, dans ce context) : why, what for
Milieu (m) (nom commun) : field, domain (in this context)
Cependant (adverbe) : however, nevertheless
Mondial (adjectif) : world, global, worldwide
Reconnaître (verbe) : to recognize
Réserver (verbe) : to book
Combien (adverbe) : how much, how many

Clara **compose** le numéro de téléphone.

« Bonjour Madame, c'est pour une réservation, pour demain soir. Samedi, oui, c'est ça ! Nous serons sept, est-ce que c'est possible ? **Parfait**, merci beaucoup ! Ah, oui, mon nom, bien sûr. Clara ! Et voici mon numéro de téléphone. Nous arriverons à 19h30. Merci Madame, **bonne fin de journée**. »

Céline est impressionnée. Clara a fait des progrès **colossaux** en français ! Elle **félicite** son amie. Les deux copines s'installent dans le canapé avec la pizza et commencent à regarder le film. C'est une comédie romantique un peu stupide, mais, comme dit Céline, après les examens, pas besoin d'un truc qui fait **trop** réfléchir. À la fin du film, Clara prépare un thé et elles **s'allongent** chacune sur un fauteuil pour discuter avant d'aller au lit. Quel bonheur de pouvoir enfin se reposer !

Le samedi matin, Clara et Céline se lèvent après 10 heures. Ça sent encore le café dans la cuisine, mais toute la famille a déjà fini de prendre le **petit-déjeuner**. Il est presque trop tard pour en prendre un, d'ailleurs, **car** l'heure du déjeuner approche… Elles se servent donc un café et commencent à parler du repas de midi. Comme elles vont manger au restaurant le soir, elles pensent préparer quelque chose de **léger** : un peu de salade, du fromage et du pain, des fruits pour le dessert. Florence rentre justement du marché avec beaucoup de fruits et de légumes : c'est parfait !

« Et les lardons, c'est pour **quoi** faire ? demande Céline à sa mère en l'aidant à ranger les courses.

- On va faire une quiche lorraine pour ce soir, répond Florence.

- Ah, mais on va au restaurant avec les copains ! s'exclame Céline.

- Mais je n'ai pas dit que c'était pour vous, » répond sa mère en riant.

Composer (verbe) : to dial (in this context)
Parfait (adjectif) : perfect
Bonne fin de journée (interjection) : enjoy the rest of your day
Colossal (adjectif) : colossal, enormous, huge
Féliciter (verbe) : to congratulate
Trop (adverbe) : too, too much
S'allonger (verbe) : to lie down
Petit-déjeuner (m) (nom commun) : breakfast
Car (conjonction) : because, as
Léger (adjectif) : light
Quoi (pronom) : what

Clara n'a pas encore goûté la quiche lorraine **faite maison** de la mère de Céline et elle est un peu **déçue**. Céline lui assure qu'on en fera une bientôt, c'est facile à faire et très bon. Elles préparent le déjeuner ensemble, avec Mattéo qui aide à couper les **légumes**.

La journée passe **tranquillement** et quand vient le soir, les deux amies se dirigent à pied **vers** le restaurant. Clara apprécie la promenade : elle ne connaissait pas encore le quartier et elle le trouve très joli ! Le restaurant, très charmant, n'est pas très grand. L'ambiance est chaleureuse et ça sent vraiment très bon. De jeunes femmes très dynamiques les **accueillent** et les installent sur une grande tablée.

Tous les amis arrivent enfin, et chacun se régale. Le repas **se déroule** comme l'avait expliqué Céline : les entrées sont en commun, ils ne choisissent que le plat et le dessert. Clara, qui n'aime pas beaucoup la **viande**, a choisi les quenelles : des petits boudins à base de farine en sauce béchamel. Pour le dessert, après le fromage, elle a choisi une **tarte aux poires**. Et elle a adoré ça ! Céline lui promet de lui donner toutes les recettes. « Je t'apprendrai aussi à faire une béchamel, c'est super facile ! » lui dit-elle. Quand le repas est terminé et que les amis ont bien discuté et bien ri, ils demandent l'**addition**, partagent la note et repartent chez eux, heureux et relaxés. C'était un peu **cher**, c'est vrai, mais c'était vraiment très bon !

Faite maison (locution adjectivale) : homemade
Déçu (adjectif) : disappointed
Légume (m) (nom commun) : vegetable
Tranquillement (adverbe) : quietly, peacefully
Vers (préposition) : toward, towards, to
Accueillir (verbe) : to welcome (in this context)
Se dérouler (verbe) : to happen (in this context)
Viande (f) (nom commun) : meat
Tarte aux poires (f) (nom commun) : pear tart
Addition (f) (nom commun) : bill, check (in this context)
Cher (adjectif) : expensive, costly (in this context)

Questions (Chapitre 8)

1. Combien de temps de vacances Clara et Céline ont-elles après avoir terminé leurs examens ?
a) Deux semaines
b) Une semaine
c) Trois jours
d) Dix jours

2. Sur quoi Clara écrit-elle dans son blog ? (plusieurs réponses possibles)
a) Sur les différences culturelles entre la France et les États-Unis
b) Sur l'histoire de l'art
c) Sur sa vie en France
d) Sur sa vie aux États-Unis

3. Qu'est-ce que c'est un bouchon ? (plusieurs réponses possibles)
a) Un dessert français typique
b) Un objet qui sert à fermer les bouteilles
c) Des restaurants traditionnels à Lyon
d) Un embouteillage (quand il y a trop de trafic)

4. A quoi fait référence l'expression « mères lyonnaises » ?
a) À toutes les mères qui habitent à Lyon
b) Aux mères travailleuses de Lyon
c) Aux femmes qui ont perdu leur emploi à Lyon
d) Aux cheffes de Lyon

5. Qu'a choisi Clara comme plat principal au bouchon lyonnais ?
a) Des quenelles
b) De la viande
c) De la pizza
d) De la salade de lentilles

8. Restaurant entre amis pour fêter la fin des examens

Clara et Céline sont épuisées par les examens. Heureusement, il y a une semaine de vacances juste après ! Elles peuvent se reposer, prendre leur temps, se promener, aller au cinéma, rencontrer des amis, lire au coin du feu, cuisiner... La vie s'écoule doucement pendant cette semaine de fin d'examens. Clara est aux anges, elle s'exerce en français, et elle commence à tenir un blog sur son séjour en France. C'est pour ses amis qui sont restés aux États-Unis : elle veut raconter sa vie en France, parler des différences culturelles… Et en même temps, cela lui permet de pratiquer son écrit. Elle écrit en français et en anglais, il y a donc deux versions du blog. C'est du travail, mais ça l'amuse !

Quand le vendredi soir arrive, les filles se retrouvent, fatiguées mais contentes, chez elles, devant un bon film et avec une pizza. Détente au programme ! Et aussi, elles prévoient une sortie entre amis pour le lendemain. Elles choisissent un restaurant où Céline n'est jamais allée, c'est plus sympa.

« Le Bouchon des filles ! Quel drôle de nom, s'étonne Clara.

- Ah, tu ne sais pas ce que c'est un bouchon ? répond Céline.

8. Restaurant with friends to celebrate the end of exams

Clara and Céline are exhausted by their exams. Luckily, there's a week's vacation right afterwards! They can rest, take their time, go for walks, go to the cinema, meet friends, read by the fire, cook... Life flows smoothly during this week of exam finals. Clara is over the moon, practicing her French and starting a blog about her time in France. It's for her friends back in the States: she wants to tell them about her life in France, talk about cultural differences... And at the same time, it gives her a chance to practice her writing. She writes in French and English, so there are two versions of the blog. It's hard work, but she enjoys it!

When Friday evening arrives, the girls meet up, tired but happy, at home, in front of a good film and with a pizza. Relaxation is the order of the day! They also plan an outing with friends for the following day. They choose a restaurant that Céline has never been to, because it's nicer.

"Le Bouchon des filles! What a funny name, says Clara.

- Ah, you don't know what a bouchon is? replies Céline.

- Un bouchon, ce n'est pas quand il y a du trafic sur la route ?

- Ah ha ! Bien vu, bonne idée ! Mais non, pas là, explique Céline. D'ailleurs, un bouchon, c'est d'abord le truc qui sert à fermer les bouteilles. Quand il y a trop de trafic et que les voitures sont bloquées, on appelle ça aussi un bouchon, c'est vrai. Mais à Lyon, un bouchon, c'est autre chose. C'est très traditionnel, les bouchons lyonnais : il s'agit de restaurants. Dans un bouchon lyonnais, on mange de la cuisine lyonnaise, c'est souvent à base de porc, il y a des quenelles, du fromage, de la salade de lentilles… Et surtout, on mange sur de grandes tables et on ne choisit que le plat principal : les entrées et les fromages sont les mêmes pour tout le monde. En fait, c'est très familial et vraiment sympa.

- Oh, ça a l'air chouette ! Et pourquoi « des filles » ?

- Je ne sais pas, mais c'est sûrement dirigé par des femmes. La cuisine en France, c'est toujours un milieu très masculin – mais ça commence à changer. Cependant, à Lyon, beaucoup de femmes ont une bonne réputation en cuisine depuis longtemps. On appelle les cheffes de Lyon les « mères lyonnaises. » Elles sont très respectées dans le milieu gastronomique. Mais, au fait, tu sais que Lyon a été nommée capitale mondiale de la Gastronomie ?

- Isn't a traffic jam when there's traffic on the road?

- Ah ha! Well spotted, good idea! But no, not here, explains Céline. Besides, a cork is first and foremost the thing you use to close bottles. When there's too much traffic and cars are blocked, it's also called a "bouchon", it's true. But in Lyon, a bouchon is something else. Lyon's bouchons are very traditional: they're restaurants. In a bouchon lyonnais, you eat Lyonnais cuisine, it's often pork-based, there are quenelles, cheese, lentil salad… And above all, you eat on big tables and you only choose the main course: the starters and cheeses are the same for everyone. In fact, it's very family-friendly and really fun.

- Oh, it sounds great! And why "girls"?

- I don't know, but it's probably run by women. Cooking in France is still a very male-dominated field - but that's starting to change. However, in Lyon, many women have had a good reputation in the kitchen for a long time. Lyon's female chefs are known as "mères lyonnaises." They are highly respected in the gastronomic world. By the way, did you know that Lyon has been named the world capital of Gastronomy?

- Non, je ne savais pas ! C'est vrai qu'on mange bien ici, reconnaît Clara.

- Oui, et il y a beaucoup de spécialités différentes, très spécifiques à Lyon. Bon, allez, on va réserver au Bouchon des filles pour demain soir, c'est sûrement très bon. Mais c'est toi qui vas faire la réservation au téléphone !

- Ok ! Passe-moi le téléphone ! Nous serons combien ? Sept ? Ok, merci ! »

Clara compose le numéro de téléphone.

« Bonjour Madame, c'est pour une réservation, pour demain soir. Samedi, oui, c'est ça ! Nous serons sept, est-ce que c'est possible ? Parfait, merci beaucoup ! Ah, oui, mon nom, bien sûr. Clara ! Et voici mon numéro de téléphone. Nous arriverons à 19h30. Merci Madame, bonne fin de journée. »

Céline est impressionnée. Clara a fait des progrès colossaux en français ! Elle félicite son amie. Les deux copines s'installent dans le canapé avec la pizza et commencent à regarder le film. C'est une comédie romantique un peu stupide, mais, comme dit Céline, après les examens, pas besoin d'un truc qui fait trop réfléchir. À la fin du film, Clara prépare un thé et elles s'allongent chacune sur un fauteuil pour discuter avant d'aller au

- No, I didn't know that! It's true that we eat well here, admits Clara.

- Yes, and there are lots of different specialities, very specific to Lyon. Come on, let's make a reservation at Bouchon des filles for tomorrow night, it's sure to be very good. But you're going to make the reservation over the phone!

- Ok! Give me the phone! How many will we be? Seven? Ok, thanks!"

Clara dials the phone number.

"Hello madam, I'd like to make a reservation for tomorrow evening. Saturday, yes, that's right! We'll be seven, is that possible? Perfect, thank you very much! Ah, yes, my name, of course. Clara! And here's my phone number. We'll arrive at 7.30pm. Thank you Madame, and have a nice day."

Céline is impressed. Clara has made colossal progress in French! She congratulates her friend. The two friends settle down on the sofa with the pizza and start watching the film. It's a silly romantic comedy, but, as Céline says, after exams, you don't need something that makes you think too much. At the end of the film, Clara prepares a cup of tea and they each lie down in an armchair to chat before going to bed. It's great to

lit. Quel bonheur de pouvoir enfin se reposer !

Le samedi matin, Clara et Céline se lèvent après 10 heures. Ça sent encore le café dans la cuisine, mais toute la famille a déjà fini de prendre le petit-déjeuner. Il est presque trop tard pour en prendre un, d'ailleurs, car l'heure du déjeuner approche… Elles se servent donc un café et commencent à parler du repas de midi. Comme elles vont manger au restaurant le soir, elles pensent préparer quelque chose de léger : un peu de salade, du fromage et du pain, des fruits pour le dessert. Florence rentre justement du marché avec beaucoup de fruits et de légumes : c'est parfait !

« Et les lardons, c'est pour quoi faire ? demande Céline à sa mère en l'aidant à ranger les courses.

- On va faire une quiche lorraine pour ce soir, répond Florence.

- Ah, mais on va au restaurant avec les copains ! s'exclame Céline.

- Mais je n'ai pas dit que c'était pour vous, » répond sa mère en riant.

Clara n'a pas encore goûté la quiche lorraine faite maison de la mère de Céline et elle est un peu déçue. Céline lui assure qu'on en fera une bientôt, c'est facile à faire et très bon. Elles préparent le déjeuner ensemble, avec Mattéo qui aide à couper les légumes.

be able to rest at last!

On Saturday morning, Clara and Céline get up after 10 o'clock. The kitchen still smells of coffee, but the whole family has already finished breakfast. It's almost too late to have breakfast, in fact, as lunchtime is approaching… So they pour themselves a coffee and start talking about lunch. As they'll be eating out in the evening, they're thinking of preparing something light: a little salad, cheese and bread, and fruit for dessert. Florence just came back from the market with lots of fruit and vegetables: perfect!

"And the bacon, what's it for? asks Céline as she helps her mother put away the groceries.

- We're going to make a quiche lorraine for tonight, replies Florence.

- Ah, but we're going to the restaurant with our friends! exclaims Céline.

- But I didn't say it was for you," laughs her mother.

Clara hasn't yet tasted Céline's mother's homemade quiche lorraine, and she's a little disappointed. Céline assures her that we'll be making it soon - it's easy to make and very tasty. They prepare lunch together, with Mattéo helping to chop the

vegetables.

La journée passe tranquillement et quand vient le soir, les deux amies se dirigent à pied vers le restaurant. Clara apprécie la promenade : elle ne connaissait pas encore le quartier et elle le trouve très joli ! Le restaurant, très charmant, n'est pas très grand. L'ambiance est chaleureuse et ça sent vraiment très bon. De jeunes femmes très dynamiques les accueillent et les installent sur une grande tablée.

Tous les amis arrivent enfin, et chacun se régale. Le repas se déroule comme l'avait expliqué Céline : les entrées sont en commun, ils ne choisissent que le plat et le dessert. Clara, qui n'aime pas beaucoup la viande, a choisi les quenelles : des petits boudins à base de farine en sauce béchamel. Pour le dessert, après le fromage, elle a choisi une tarte aux poires. Et elle a adoré ça ! Céline lui promet de lui donner toutes les recettes. « Je t'apprendrai aussi à faire une béchamel, c'est super facile ! » lui dit-elle. Quand le repas est terminé et que les amis ont bien discuté et bien ri, ils demandent l'addition, partagent la note et repartent chez eux, heureux et relaxés. C'était un peu cher, c'est vrai, mais c'était vraiment très bon !

The day passes quietly, and when evening comes, the two friends walk to the restaurant. Clara enjoys the walk: she hadn't been in the neighborhood before and finds it very pretty! The restaurant, which is very charming, is not very big. The atmosphere is warm and inviting, and it smells really good. Young, energetic women greet them and seat them on a large table.

All the friends arrive at last, and everyone enjoys themselves. The meal proceeded as Céline had explained: they shared the starters, choosing only the main course and dessert. Clara, who doesn't like meat much, chose quenelles: small flour-based sausages in a béchamel sauce. For dessert, after the cheese, she chose a pear tart. And she loved it! Céline promises to give her all the recipes. "I'll even teach you how to make béchamel sauce - it's so easy!" When the meal is over and the friends have had a good chat and a good laugh, they ask for the bill, split it and go home, happy and relaxed. It was a bit expensive, it's true, but it was really very good!

Questions (Chapitre 8)

1. Combien de temps de vacances Clara et Céline ont-elles après avoir terminé leurs examens ?
a) Deux semaines
b) Une semaine
c) Trois jours
d) Dix jours

2. Sur quoi Clara écrit-elle dans son blog ? (plusieurs réponses possibles)
a) Sur les différences culturelles entre la France et les États-Unis
b) Sur l'histoire de l'art
c) Sur sa vie en France
d) Sur sa vie aux États-Unis

3. Qu'est-ce que c'est un bouchon ? (plusieurs réponses possibles)
a) Un dessert français typique
b) Un objet qui sert à fermer les bouteilles
c) Des restaurants traditionnels à Lyon
d) Un embouteillage (quand il y a trop de trafic)

4. A quoi fait référence l'expression « mères lyonnaises » ?
a) À toutes les mères qui habitent à Lyon
b) Aux mères travailleuses de Lyon
c) Aux femmes qui ont perdu leur emploi à Lyon
d) Aux cheffes de Lyon

5. Qu'a choisi Clara comme plat principal au bouchon lyonnais ?

Questions (Chapter 8)

1. How much vacation time do Clara and Céline have after finishing their exams?
a) Two weeks
b) One week
c) Three days
d) Ten days

2. What does Clara write about in her blog? (several answers possible)
a) Cultural differences between France and the United States
b) Art history
c) Her life in France
d) Her life in the USA

3. What is a bouchon? (several answers possible)
a) A typical French dessert
b) An object used to close bottles
c) Traditional restaurants in Lyon
d) A traffic jam (when there's too much traffic)

4. What does the expression "Lyon mothers" refer to?
a) All mothers living in Lyon
b) Working mothers in Lyon
c) Women who have lost their jobs in Lyon
d) The chiefs of Lyon

5. What did Clara choose for her main course at the bouchon

a) Des quenelles
b) De la viande
c) De la pizza
d) De la salade de lentilles

lyonnais?
a) Quenelles
b) Meat
c) Pizza
d) Lentil salad

9. L'anniversaire du frère ainé de Céline

Clara a rencontré Marc, le **grand frère** de Céline et Mattéo, seulement **brièvement** le jour de son arrivée en France. En effet, il est adulte et il n'habite plus avec sa famille. Mais elle a souvent entendu Florence **se plaindre** au téléphone avec Marc : « Marc, on ne te voit jamais ! Tu pourrais venir au moins le dimanche à midi ! Nous sommes des étrangers pour toi ? Ta sœur et ton frère te demandent ! » En réalité, Céline et Mattéo ne le demandent pas particulièrement, mais Florence espère toujours trouver l'argument qui fera venir son fils à la maison plus souvent.

Céline raconte à Clara que son frère vient en fait assez souvent en général. Mais **en ce moment**, sa femme est **enceinte** et il a acheté un nouvel appartement : il a des travaux de rénovation et sa femme et lui passent beaucoup de temps à prévoir l'arrivée du **bébé**. Rien d'anormal !

Clara est ravie d'apprendre que Marc attend un bébé. C'est sympa, Céline va donc devenir **tante**. Et Clara adore les bébés… Elle a hâte de rencontrer ces autres membres de la famille ! **Justement**, le week-end suivant, c'est l'**anniversaire** de Marc. Il est question de fêter ça chez lui, dans son nouvel appartement, en famille. Céline prévoit un **cadeau** pour son frère : un livre

de photos d'archives de Lyon, avec, notamment, de belles photos anciennes du quartier où il a acheté son appartement. Clara trouve l'idée très originale !

Grand frère (m) (nom commun) : big brother, older brother
Brièvement (adverbe) : briefly, concisely
Se plaindre (verbe) : to complain
En ce moment (adverbe) : at the moment, currently
Enceinte (adjectif) : pregnant, expecting
Bébé (m) (nom commun) : baby
Tante (f) (nom commun) : aunt
Justement (adverbe) : exactly, precisely, just
Anniversaire (m) (nom commun) : birthday
Cadeau (m) (nom commun) : gift, present

Le samedi suivant, après le petit-déjeuner, les filles préparent un gâteau d'anniversaire à la **crème de marrons**. Clara n'avait jamais rien goûté d'aussi bon. « Mais c'est très riche, attention ! N'en mange pas trop ! » lui dit Céline en riant. **Quand même**, c'est difficile de s'arrêter ! Sur le dessus du gâteau, Florence ajoute une couche de crème fouettée. C'est beau ! Clara décore le dessus du gâteau avec des **fraises** coupées en morceaux. Tout est très joli et la cuisine sent **divinement** bon. On ne prépare que le dessert, car Marc et Isabelle, sa **femme**, cuisinent aussi très bien : ils ont prévu le repas. Ce sera une surprise !

Tout le monde finit de se préparer pour l'**après-midi** chez Marc : Florence et les filles s'habillent un peu chic, **se maquillent** et **se coiffent**. Mattéo joue sur sa console et Patrick lit le **journal** en attendant que tout le monde soit prêt. Puis on se dirige vers le métro pour rejoindre l'appartement de Marc et Isabelle.

Ils sont accueillis chaleureusement par Isabelle, jolie jeune femme très **distinguée** et souriante. Son **ventre** est déjà très rond, remarque Florence ! Clara se présente et Marc et Isabelle sont impressionnés par son niveau de français. Elle n'est pas peu **fière**, mais elle sait qu'elle a encore beaucoup à apprendre. Son vocabulaire est toujours très limité, et sa prononciation est loin d'être parfaite. Patrick lui rappelle que l'accent et les défauts de prononciation n'ont aucune importance, tant que l'on est compris ! Isabelle ajoute que les accents, c'est très joli. Cela fait rire tout le monde : en effet, Isabelle est d'origine italienne et elle a **gardé** un accent assez fort. Et son accent est en effet très charmant ! Mais Clara ne l'entend pas. C'est normal,

quand on ne parle pas encore très couramment, de ne pas entendre les accents des autres !

Crème de marrons (f) (nom commun) : chestnut cream
Quand même (locution adverbiale) : still, even so, anyway
Fraise (f) (nom commun) : strawberry
Divinement (adverbe) : divinely
Femme (f) (nom commun) : wife (in this context)
Après-midi (m) (nom commun) : afternoon
Se maquiller (verbe) : to put on makeup
Se coiffer (verbe) : to do your hair
Journal (m) (nom commun) : newspaper
Distingué (adjectif) : elegant, refined, distinguished
Ventre (m) (nom commun) : belly, stomach
Fier (adjectif) : proud
Garder (verbe) : to keep

Marc s'excuse : tout n'est pas encore prêt ! Clara **propose** d'aider. Ils commencent par visiter l'appartement. Les travaux de rénovation sont presque terminés. Il y a deux chambres, celle du petit et celle des futurs parents, un salon et une cuisine séparée. La **salle de bain** est grande ! Et il y a un joli balcon qui donne sur une rue calme. C'est très joli, très simple et cozy. Dans la cuisine, tout est préparé pour mettre la table. Clara met les **assiettes**, Céline met les **couteaux**, les **fourchettes** et les **cuillères**.

Florence ouvre le champagne : plop ! **Joyeux anniversaire !** On prend l'apéritif en discutant joyeusement. Clara et Céline, elles, prennent un petit verre de jus de fruit. Mattéo, comme toujours, joue sur son téléphone. Clara s'habitue à ces scènes classiques : Céline **s'énerve**, demande à Mattéo de lâcher son téléphone, Florence lui dit d'écouter sa sœur, et Mattéo va s'enfermer dans les toilettes pour trouver un peu de **tranquillité**. Elle trouve ça, finalement, très drôle et pas très grave !

Le repas est ensuite servi : salade de chèvre chaud, lasagnes fraîches aux **épinards** et à la ricotta, plateau de fromage, et, bien sûr, le gâteau d'anniversaire aux marrons ! Tout est excellent ! Surtout les lasagnes. « Isabelle honore ses origines italiennes à chaque fois qu'elle nous invite ! » s'exclame Patrick, **enchanté** par ce repas.

Proposer (verbe) : to offer, to suggest

Salle de bain (f) (nom commun) : bathroom
Assiette (f) (nom commun) : plate
Couteau (m) (nom commun) : knife
Fourchette (f) (nom commun) : fork
Cuillère (f) (nom commun) : spoon
Joyeux anniversaire ! (interjection) : happy birthday!
S'énerver (verbe) : to get pissed off
Tranquillité (f) (nom commun) : peacefulness, quietness
Épinard (m) (nom commun) : spinach
Enchanté (adjectif) : delighted

Marc **souffle** ses vingt-six **bougies**. C'est jeune, 26 ans, pour avoir un appartement et attendre un enfant ! Céline rappelle à Clara qu'en France, l'âge du mariage est aujourd'hui bien plus tard, ainsi que celui du premier **enfant**. Et Clara pense que c'est pareil aux États-Unis ! Ses parents l'ont eue très jeune, mais elle, elle ne s'imagine pas avoir des enfants juste après l'université ! Pendant le dessert, Marc reçoit quelques cadeaux : le livre de sa petite sœur, un week-end **en amoureux** en Camargue de la part d'Isabelle et une **caisse** de très bons vins de la part de ses parents. Il est très content et remercie tout le monde. On parle beaucoup et longtemps. Céline parle de son anniversaire : elle voudrait un **chien** en cadeau, mais ses parents refusent. C'est trop de responsabilités ! Et comment vas-tu faire pour partir en vacances ?

Le repas se termine un peu tard et tout le monde est bien fatigué en rentrant. Chacun va se coucher après s'être brossé les dents, et Clara écrit un article dans son blog avant d'**aller au lit** avec son livre. Encore une belle journée ! Le mois de janvier est **à peine** terminé, et pourtant elle a l'impression qu'elle vit en France depuis **plusieurs** mois…

Souffler (verbe) : to blow
Bougie (f) (nom commun) : candle
Enfant (m, f) (nom commun) : child, kid
En amoureux (locution adjectivale) : romantic
Caisse (f) (nom commun) : box, case
Chien (m) (nom commun) : dog
Aller au lit (locution verbale) : to go to bed
À peine (locution adverbiale) : hardly, barely
Plusieurs (adjectif) : several, many

Questions (Chapitre 9)

1. Qu'est-ce que Céline donne comme cadeau à son frère Marc pour son anniversaire ?
a) Des billets pour un concert de rock
b) Une bouteille de vin
c) Un livre de photos d'archives de Lyon
d) Une écharpe tricotée à la main

2. D'où vient Isabelle, la femme de Marc ?
a) D'Italie
b) D'Argentine
c) Du Portugal
d) De Belgique

3. De combien de mois Isabelle est-elle enceinte ?
a) Six
b) Quatre
c) Huit
d) On ne sait pas

4. Combien de bougies Marc souffle-t-il ?
a) 27
b) 21
c) 24
d) 26

5. Que veut Céline comme cadeau pour son anniversaire ?
a) Une voiture
b) Un chien
c) Un week-end à la plage
d) Un week-end de ski

9. L'anniversaire du frère ainé de Céline

Clara a rencontré Marc, le grand frère de Céline et Mattéo, seulement brièvement le jour de son arrivée en France. En effet, il est adulte et il n'habite plus avec sa famille. Mais elle a souvent entendu Florence se plaindre au téléphone avec Marc : « Marc, on ne te voit jamais ! Tu pourrais venir au moins le dimanche à midi ! Nous sommes des étrangers pour toi ? Ta sœur et ton frère te demandent ! » En réalité, Céline et Mattéo ne le demandent pas particulièrement, mais Florence espère toujours trouver l'argument qui fera venir son fils à la maison plus souvent.

Céline raconte à Clara que son frère vient en fait assez souvent en général. Mais en ce moment, sa femme est enceinte et il a acheté un nouvel appartement : il a des travaux de rénovation et sa femme et lui passent beaucoup de temps à prévoir l'arrivée du bébé. Rien d'anormal !

Clara est ravie d'apprendre que Marc attend un bébé. C'est sympa, Céline va donc devenir tante. Et Clara adore les bébés… Elle a hâte de rencontrer ces autres membres de la famille ! Justement, le week-end suivant, c'est l'anniversaire de Marc. Il est question de fêter ça chez lui, dans son nouvel appartement, en famille. Céline prévoit un cadeau pour son frère : un

9. Céline's older brother's birthday party

Clara met Marc, Céline and Mattéo's older brother, only briefly on the day she arrived in France. He's an adult now, and no longer lives with his family. But she has often overheard Florence complaining to Marc on the phone: "Marc, we never see you! You could at least come on Sundays at lunchtime! Are we strangers to you? Your sister and brother are asking for you!" In reality, Céline and Mattéo aren't particularly asking, but Florence is still hoping to find the argument that will make her son come home more often.

Céline tells Clara that her brother does in fact come quite often. But right now, his wife is pregnant and he's bought a new apartment: he's renovating and he and his wife are spending a lot of time planning for the baby's arrival. Nothing out of the ordinary!

Clara is delighted to learn that Marc is expecting a baby. That's nice, so Céline will become an aunt. And Clara loves babies… She can't wait to meet these other members of the family! The following weekend is Marc's birthday. The plan is to celebrate with his family at his new apartment. Céline is planning a present for her brother: a book of

livre de photos d'archives de Lyon, avec, notamment, de belles photos anciennes du quartier où il a acheté son appartement. Clara trouve l'idée très originale !

Le samedi suivant, après le petit-déjeuner, les filles préparent un gâteau d'anniversaire à la crème de marrons. Clara n'avait jamais rien goûté d'aussi bon. « Mais c'est très riche, attention ! N'en mange pas trop ! » lui dit Céline en riant. Quand même, c'est difficile de s'arrêter ! Sur le dessus du gâteau, Florence ajoute une couche de crème fouettée. C'est beau ! Clara décore le dessus du gâteau avec des fraises coupées en morceaux. Tout est très joli et la cuisine sent divinement bon. On ne prépare que le dessert, car Marc et Isabelle, sa femme, cuisinent aussi très bien : ils ont prévu le repas. Ce sera une surprise !

Tout le monde finit de se préparer pour l'après-midi chez Marc : Florence et les filles s'habillent un peu chic, se maquillent et se coiffent. Mattéo joue sur sa console et Patrick lit le journal en attendant que tout le monde soit prêt. Puis on se dirige vers le métro pour rejoindre l'appartement de Marc et Isabelle.

Ils sont accueillis chaleureusement par Isabelle, jolie jeune femme très distinguée et souriante. Son ventre est déjà très rond, remarque Florence ! Clara se présente et Marc et Isabelle sont impressionnés par son niveau de

archive photos of Lyon, including some beautiful old photos of the neighborhood where he bought his apartment. Clara thinks it's a very original idea!

The following Saturday, after breakfast, the girls prepare a chestnut cream birthday cake. Clara had never tasted anything so good. "But it's very rich, be careful! Don't eat too much!" laughs Céline. Still, it's hard to stop! On top of the cake, Florence adds a layer of whipped cream. Beautiful! Clara decorates the top of the cake with chopped strawberries. Everything looks great and the kitchen smells divine. We're only preparing dessert, because Marc and his wife Isabelle are also excellent cooks: they've planned the meal. It's going to be a surprise!

Everyone finishes getting ready for the afternoon at Marc's: Florence and the girls get dressed up, put on make-up and do their hair. Mattéo plays on his console and Patrick reads the paper while waiting for everyone to get ready. Then it's off to the metro to Marc and Isabelle's apartment.

They are warmly greeted by Isabelle, a pretty, distinguished and smiling young woman. Her belly is already very round, Florence remarks! Clara introduces herself and Marc and Isabelle are impressed by her level

français. Elle n'est pas peu fière, mais elle sait qu'elle a encore beaucoup à apprendre. Son vocabulaire est toujours très limité, et sa prononciation est loin d'être parfaite. Patrick lui rappelle que l'accent et les défauts de prononciation n'ont aucune importance, tant que l'on est compris ! Isabelle ajoute que les accents, c'est très joli. Cela fait rire tout le monde : en effet, Isabelle est d'origine italienne et elle a gardé un accent assez fort. Et son accent est en effet très charmant ! Mais Clara ne l'entend pas. C'est normal, quand on ne parle pas encore très couramment, de ne pas entendre les accents des autres !

Marc s'excuse : tout n'est pas encore prêt ! Clara propose d'aider. Ils commencent par visiter l'appartement. Les travaux de rénovation sont presque terminés. Il y a deux chambres, celle du petit et celle des futurs parents, un salon et une cuisine séparée. La salle de bain est grande ! Et il y a un joli balcon qui donne sur une rue calme. C'est très joli, très simple et cozy. Dans la cuisine, tout est préparé pour mettre la table. Clara met les assiettes, Céline met les couteaux, les fourchettes et les cuillères.

Florence ouvre le champagne : plop ! Joyeux anniversaire ! On prend l'apéritif en discutant joyeusement. Clara et Céline, elles, prennent un petit verre de jus de fruit. Mattéo,

of French. She's not a little proud, but she knows she still has a lot to learn. Her vocabulary is still very limited, and her pronunciation is far from perfect. Patrick reminds her that accents and mispronunciations don't matter, as long as you're understood! Isabelle adds that accents are very pretty. This makes everyone laugh: indeed, Isabelle is of Italian origin and has kept a rather strong accent. And her accent is indeed very charming! But Clara can't hear her. It's normal, when you're not yet fluent, not to hear other people's accents!

Marc apologizes: everything's not ready yet! Clara offers to help. They start by visiting the apartment. The renovation work is almost complete. There are two bedrooms, one for the little one and one for the future parents, a living room and a separate kitchen. The bathroom is huge! And there's a lovely balcony overlooking a quiet street. It's very pretty, simple and cozy. In the kitchen, everything is prepared for setting the table. Clara sets the plates, Céline the knives, forks and spoons.

Florence opens the champagne: plop! Happy birthday to you! We enjoy our apéritif,* chatting happily. Clara and Céline have a small glass of fruit juice. Mattéo, as always, plays

comme toujours, joue sur son téléphone. Clara s'habitue à ces scènes classiques : Céline s'énerve, demande à Mattéo de lâcher son téléphone, Florence lui dit d'écouter sa sœur, et Mattéo va s'enfermer dans les toilettes pour trouver un peu de tranquillité. Elle trouve ça, finalement, très drôle et pas très grave !

Le repas est ensuite servi : salade de chèvre chaud, lasagnes fraîches aux épinards et à la ricotta, plateau de fromage, et, bien sûr, le gâteau d'anniversaire aux marrons ! Tout est excellent ! Surtout les lasagnes. « Isabelle honore ses origines italiennes à chaque fois qu'elle nous invite ! » s'exclame Patrick, enchanté par ce repas.

Marc souffle ses vingt-six bougies. C'est jeune, 26 ans, pour avoir un appartement et attendre un enfant ! Céline rappelle à Clara qu'en France, l'âge du mariage est aujourd'hui bien plus tard, ainsi que celui du premier enfant. Et Clara pense que c'est pareil aux États-Unis ! Ses parents l'ont eue très jeune, mais elle, elle ne s'imagine pas avoir des enfants juste après l'université ! Pendant le dessert, Marc reçoit quelques cadeaux : le livre de sa petite sœur, un week-end en amoureux en Camargue de la part d'Isabelle et une caisse de très bons vins de la part de ses parents. Il est très content et remercie tout le monde. On parle beaucoup et longtemps.

on his phone. Clara is getting used to these classic scenes: Céline gets angry, asks Mattéo to let go of his phone, Florence tells him to listen to his sister, and Mattéo locks himself in the bathroom to find some peace and quiet. In the end, she finds it very funny and not too serious!

The meal is then served: warm goat's cheese salad, fresh spinach and ricotta lasagne, cheese platter and, of course, the chestnut birthday cake! All excellent! Especially the lasagne. "Isabelle honors her Italian roots every time she invites us!" exclaims Patrick, delighted by the meal.

Marc blows out his twenty-sixth candle. Twenty-six is a young age to have an apartment and be expecting a child! Céline reminds Clara that in France today, the age of marriage is much later, as is that of the first child. And Clara thinks it's the same in the States! Her parents had her at a very young age, but she can't imagine having children right after university! During dessert, Marc receives his few gifts: his little sister's book, a romantic weekend in the Camargue from Isabelle and a case of very good wine from his parents. He's very happy and thanks everyone. We talk for a long time. Céline talks about her birthday: she'd like a dog as

Céline parle de son anniversaire : elle voudrait un chien en cadeau, mais ses parents refusent. C'est trop de responsabilités ! Et comment vas-tu faire pour partir en vacances ?

a present, but her parents refuse. It's too much responsibility! And what are you going to do when going on vacation?

Le repas se termine un peu tard et tout le monde est bien fatigué en rentrant. Chacun va se coucher après s'être brossé les dents, et Clara écrit un article dans son blog avant d'aller au lit avec son livre. Encore une belle journée ! Le mois de janvier est à peine terminé, et pourtant elle a l'impression qu'elle vit en France depuis plusieurs mois…

The meal ends a little late and everyone is tired when they get home. Everyone goes to bed after brushing their teeth, and Clara writes a blog entry before going to bed with her book. Another great day! January is barely over, and yet she feels as if she's been living in France for several months…

---

* Apéritif: in French culture refers to a pre-dinner drink, often enjoyed in a social setting with friends or family. It is meant to stimulate the appetite and set a friendly tone for the upcoming meal. Common apéritifs include light and refreshing beverages such as vermouth, champagne, or various types of flavored liqueurs. The ritual of having an apéritif is deeply ingrained in French culinary traditions, emphasizing the importance of enjoying both the flavors of the drink and the company of those sharing the moment.

Questions (Chapitre 9)

1. Qu'est-ce que Céline donne comme cadeau à son frère Marc pour son anniversaire ?
a) Des billets pour un concert de rock
b) Une bouteille de vin
c) Un livre de photos d'archives de Lyon
d) Une écharpe tricotée à la main

2. D'où vient Isabelle, la femme de Marc ?
a) D'Italie
b) D'Argentine
c) Du Portugal
d) De Belgique

3. De combien de mois Isabelle est-elle enceinte ?
a) Six
b) Quatre
c) Huit
d) On ne sait pas

4. Combien de bougies Marc souffle-t-il ?
a) 27
b) 21
c) 24
d) 26

5. Que veut Céline comme cadeau pour son anniversaire ?
a) Une voiture
b) Un chien
c) Un week-end à la plage
d) Un week-end de ski

Questions (Chapter 9)

1. What does Céline give her brother Marc for his birthday?
a) Tickets to a rock concert
b) A bottle of wine
c) A book of archive photos of Lyon
d) A hand-knitted scarf

2. Where does Marc's wife Isabelle come from?
a) Italy
b) Argentina
c) Portugal
d) Belgium

3. How many months is Isabelle pregnant?
a) Six
b) Four
c) Eight
d) Don't know

4. How many candles does Marc blow out?
a) 27
b) 21
c) 24
d) 26

5. What does Céline want for her birthday?
a) A car
b) A dog
c) A weekend at the beach
d) A skiing weekend

10. Monter à Fourvière et après-midi cocoon

C'est dimanche, après l'anniversaire de Marc. La famille se réveille doucement, il fait beau et **frais**. C'est le dernier dimanche du **mois** de janvier, et les cours à l'université sont intenses. Clara prend un **peu** de temps pendant le petit déjeuner pour faire le tour de son travail. Elle a quelques **devoirs**, des **exposés** à préparer, et surtout, beaucoup de choses à apprendre. Elle écrit un message à Valentine. Elle aimerait réserver une journée avec elle pour travailler ensemble. Elle aurait un peu d'aide, et aussi, un peu de **compagnie** pour se motiver.

Quand elles ont un peu travaillé et déjeuné avec la famille, Florence **demande** aux filles ce qu'elles ont prévu de faire pour l'après-midi.

« Rien de prévu pour le moment, répond Céline.

- Il fait tellement beau, vous devriez vous promener ! Allez voir Fourvière, Clara, tu es déjà **montée** à Fourvière ? demande Florence.

- Non, pas encore. C'est cette grande **église**, sur la **colline** ? demande Clara.

- Oui, en fait, c'est une basilique, s'exclame Florence. Une église mais plus importante. Et la promenade pour y aller est **très** chouette. Et la **vue**, très belle !

- Ce n'est pas mon quartier préféré, mais bon, c'est une bonne idée, pour la vue ! répond Céline. **Allons-y** si tu veux !

- D'accord, parfait ! répond Clara. »

Frais (adjectif) : cool, chilly
Mois (m) (nom commun) : month
Peu (adverbe) : a little, a bit
Devoirs (m, pl) (nom commun) : homework
Exposé (m) (nom commun) : presentation (in this context)
Compagnie (f) (nom commun) : company
Demander (verbe) : to ask
Monter (verbe) : to go up, to ascend, to climb
Église (f) (nom commun) : church
Colline (f) (nom commun) : hill
Très (adverbe) : very
Vue (f) (nom commun) : view (in this context)
Allons-y ! (interjection) : let's do it!, let's go then!

Les deux amies se préparent pour la promenade : un **sac** avec de l'eau, un **appareil photo** et un livre chacune, si jamais elles s'arrêtaient dans un café. En effet, la **météo** est fantastique. Il n'y a presque pas de **vent**, on se croirait presque au **printemps** ! Elles marchent sur la Presqu'île de Lyon en direction du quartier Saint Jean. En marchant, Céline raconte un peu l'histoire de Lyon et de ses quartiers. Saint Jean et Saint Georges sont les quartiers les plus anciens. L'architecture est très belle et un peu différente. Saint Jean est très joli, mais très touristique. Il y a beaucoup de gens qui se promènent avec un appareil photo **à la main**. La rue Saint Jean est piétonne, et plein de cafés, restaurants et boutiques de souvenirs. Il y a aussi quelques **friperies**, un magasin de vieux vinyles, une boutique de cactus rares et de bonzaïs. C'est intéressant, beau et **plaisant**. Clara ne comprend pas pourquoi Céline n'aime pas trop ce quartier ! « C'est juste que c'est trop touristique... Mon quartier préféré, c'est la Croix-Rousse, et la Guillotière aussi. Je te montrerai ! » explique Céline.

L'ascension vers Fourvière n'est pas très longue, mais assez **pentue**, c'est

fatiguant. Les copines s'arrêtent sur un **banc** dans le parc. Clara prend des photos et des selfies, qu'elle va envoyer à sa famille quand elle aura le wifi. Elles discutent et **papotent**, puis repartent vers le haut de la colline.

> **Sac** (m) (nom commun) : bag
> **Appareil photo** (m) (nom commun) : camera
> **Météo** (f) (nom commun) : weather forecast, forecast
> **Vent** (m) (nom commun) : wind
> **Printemps** (m) (nom commun) : spring
> **À la main** (locution adverbiale) : on hand (in this context)
> **Friperie** (f) (nom commun) : second-hand clothes store
> **Plaisant** (adjectif) : pleasant, nice
> **Pentu** (adjectif) : sloping, steep
> **Banc** (m) (nom commun) : bench
> **Papoter** (verbe) : to chat, to gossip

La basilique de Fourvière est **belle**, mais elle a un **décor** très chargé, pense Clara. C'est qu'elle a été construite à une **époque** récente, elle n'a pas le même charme que les églises anciennes. Clara présente les particularités de son architecture à Céline : Clara, en effet, est étudiante en histoire de l'art. Elle peut mieux comprendre que Céline l'architecture. Et c'est une discussion très **enrichissante**. Après la visite, elles vont contempler la vue depuis l'esplanade située à côté de la basilique. Céline explique que quand le **ciel** est très clair, sans pollution, on peut voir le Mont Blanc, les Alpes ! C'est vrai que la vue est impressionnante. Ensemble, elles localisent leur appartement, la fac et l'appartement de Marc et Isabelle.

Quand elles ont fini, elles n'ont pas envie de rentrer. Elles marchent donc jusqu'à être un peu fatiguées, puis l'après-midi se passe au chaud d'un café, avec un livre chacune. Céline et Clara sont devenues inséparables ! Même pour **bouquiner**, elles s'installent ensemble dans le silence. Quelle chance de s'être si bien trouvées ! Dans une atmosphère très « cocoon, » dans un café à la musique d'ambiance **douce**, elles savourent un **chocolat chaud** et lisent tranquillement. C'est après avoir lu un long moment qu'elles se décident à rentrer ensemble vers l'appartement familial.

Vers 19h30, elles passent la **porte**. Florence, surprise, leur demande ce qu'elles ont fait pendant tout ce temps ! Et elle est bien contente de **constater** que sa fille s'est fait une nouvelle amie avec laquelle elle aime passer du temps simplement.

Bel (adjectif) : beautiful
Décor (m) (nom commun) : decoration (in this context)
Époque (f) (nom commun) : time, age, era
Enrichissant (adjectif) : enriching, rewarding
Ciel (m) (nom commun) : sky
Bouquiner (verbe) : to read
Doux (adjectif) : soft, gentle
Chocolat chaud (m) (nom commun) : hot chocolate
Porte (f) (nom commun) : door
Constater (verbe) : to note, to notice

Questions (Chapitre 10)

1. Qu'est-ce que c'est Fourvière ?
a) Un musée
b) Une basilique
c) Un restaurant
d) Un théâtre

2. Qu'est-ce qu'on trouve à la rue Saint Jean ? (plusieurs réponses possibles)
a) Des restaurants
b) Des friperies
c) Des cafés
d) Des boutiques de souvenirs

3. Comme les filles montent à Fourvière ?
a) En métro
b) En bus
c) À pied
d) En funiculaire

4. Que pense Clara de la basilique de Fourvière ? (plusieurs réponses possibles)
a) Qu'elle est belle
b) Qu'elle est très petite
c) Qu'elle est très chargé de décors
d) Qu'elle est très ancienne

5. À quelle heure Clara et Céline rentrent-elles chez elles après leur sortie du dimanche ?
a) À 19h
b) À 18h
c) À 18h30
d) À 19h30

10. Monter à Fourvière et après-midi cocoon

C'est dimanche, après l'anniversaire de Marc. La famille se réveille doucement, il fait beau et frais. C'est le dernier dimanche du mois de janvier, et les cours à l'université sont intenses. Clara prend un peu de temps pendant le petit déjeuner pour faire le tour de son travail. Elle a quelques devoirs, des exposés à préparer, et surtout, beaucoup de choses à apprendre. Elle écrit un message à Valentine. Elle aimerait réserver une journée avec elle pour travailler ensemble. Elle aurait un peu d'aide, et aussi, un peu de compagnie pour se motiver.

Quand elles ont un peu travaillé et déjeuné avec la famille, Florence demande aux filles ce qu'elles ont prévu de faire pour l'après-midi.

« Rien de prévu pour le moment, répond Céline.

- Il fait tellement beau, vous devriez vous promener ! Allez voir Fourvière, Clara, tu es déjà montée à Fourvière ? demande Florence.

- Non, pas encore. C'est cette grande église, sur la colline ? demande Clara.

- Oui, en fait, c'est une basilique, s'exclame Florence. Une église mais plus importante. Et la promenade pour y aller est très chouette. Et la

10. A trip to Fourvière and a cocoon afternoon

It's Sunday, after Marc's birthday. The family is slowly waking up to a cool, sunny day. It's the last Sunday in January, and university classes are intense. Clara takes a little time over breakfast to go through her work. She has some homework to do, some presentations to prepare, and above all, a lot to learn. She writes a message to Valentine. She'd like to set aside a day with her to work together. She could use a little help, and a little company to motivate her.

When they've done a bit of work and had lunch with the family, Florence asks the girls what they have planned for the afternoon.

"Nothing planned at the moment, replies Céline.

- The weather's so nice, you should go for a walk! Go see Fourvière, Clara, have you been to Fourvière yet? asks Florence.

- No, I haven't. Is it that big church on the hill? asks Clara.

- Yes, actually, it's a basilica, exclaims Florence. A church, but more important. And the walk to get there is really nice. And the view, very

vue, très belle !

- Ce n'est pas mon quartier préféré, mais bon, c'est une bonne idée, pour la vue ! répond Céline. Allons-y si tu veux !

- D'accord, parfait ! répond Clara. »

Les deux amies se préparent pour la promenade : un sac avec de l'eau, un appareil photo et un livre chacune, si jamais elles s'arrêtaient dans un café. En effet, la météo est fantastique. Il n'y a presque pas de vent, on se croirait presque au printemps ! Elles marchent sur la Presqu'île de Lyon en direction du quartier Saint Jean. En marchant, Céline raconte un peu l'histoire de Lyon et de ses quartiers. Saint Jean et Saint Georges sont les quartiers les plus anciens. L'architecture est très belle et un peu différente. Saint Jean est très joli, mais très touristique. Il y a beaucoup de gens qui se promènent avec un appareil photo à la main. La rue Saint Jean est piétonne, et plein de cafés, restaurants et boutiques de souvenirs. Il y a aussi quelques friperies, un magasin de vieux vinyles, une boutique de cactus rares et de bonzaïs. C'est intéressant, beau et plaisant. Clara ne comprend pas pourquoi Céline n'aime pas trop ce quartier ! « C'est juste que c'est trop touristique… Mon quartier préféré, c'est la Croix-Rousse, et la Guillotière aussi. Je te montrerai ! » explique Céline.

beautiful!

- It's not my favorite neighborhood, but it's a good idea for the view! replies Céline. Let's go if you like!

- Okay, perfect! replies Clara."

The two friends get ready for the walk: a bag with water, a camera and a book each, in case they stop off at a café. Indeed, the weather is fantastic. There's hardly any wind - it's almost like spring! They walk along Lyon's Presqu'île towards the Saint Jean district. As they walk, Céline tells us a little about the history of Lyon and its neighborhoods. Saint Jean and Saint Georges are the oldest districts. The architecture is beautiful and a little different. Saint Jean is very pretty, but very touristy. There are lots of people walking around with cameras in hand. Saint Jean road is pedestrianized, and full of cafés, restaurants and souvenir stores. There are also a few thrift shops, an old vinyl store and a rare cactus and bonsai store. It's interesting, beautiful and pleasant. Clara really can't understand why Céline doesn't like this area so much! "It's just that it's too touristy… My favorite neighborhood is Croix-Rousse, and Guillotière too. I'll show you!" explains Céline.

L'ascension vers Fourvière n'est pas très longue, mais assez pentue, c'est fatiguant. Les copines s'arrêtent sur un banc dans le parc. Clara prend des photos et des selfies, qu'elle va envoyer à sa famille quand elle aura le wifi. Elles discutent et papotent, puis repartent vers le haut de la colline.	The climb up to Fourvière isn't very long, but it's steep and tiring. The girls stop on a bench in the park. Clara takes photos and selfies, which she'll send to her family when she gets wifi. They chat and gossip, then head back up the hill.
La basilique de Fourvière est belle, mais elle a un décor très chargé, pense Clara. C'est qu'elle a été construite à une époque récente, elle n'a pas le même charme que les églises anciennes. Clara présente les particularités de son architecture à Céline : Clara, en effet, est étudiante en histoire de l'art. Elle peut mieux comprendre que Céline l'architecture. Et c'est une discussion très enrichissante. Après la visite, elles vont contempler la vue depuis l'esplanade située à côté de la basilique. Céline explique que quand le ciel est très clair, sans pollution, on peut voir le Mont Blanc, les Alpes ! C'est vrai que la vue est impressionnante. Ensemble, elles localisent leur appartement, la fac et l'appartement de Marc et Isabelle.	The basilica of Fourvière is beautiful, but it's got a very busy decor, thinks Clara. That's because it was built recently, and doesn't have the same charm as the older churches. Clara explains the particularities of its architecture to Céline: Clara is, after all, a student of art history. She can understand architecture better than Céline. And it's a very rewarding discussion. After the tour, they take in the view from the esplanade beside the basilica. Céline explains that when the sky is clear and pollution-free, you can see Mont Blanc and the Alps! It's true that the view is impressive. Together, they locate their apartment, the university and Marc and Isabelle's apartment.
Quand elles ont fini, elles n'ont pas envie de rentrer. Elles marchent donc jusqu'à être un peu fatiguées, puis l'après-midi se passe au chaud d'un café, avec un livre chacune. Céline et Clara sont devenues inséparables ! Même pour bouquiner, elles s'installent ensemble dans le silence. Quelle chance de s'être si bien	When they've finished, they don't want to go home. So they walk until they're a little tired, then spend the afternoon in the warmth of a café, with a book each. Céline and Clara have become inseparable! Even when it's time to read, they sit down together in silence. What luck to have found each other so well! In

trouvées ! Dans une atmosphère très « cocoon, » dans un café à la musique d'ambiance douce, elles savourent un chocolat chaud et lisent tranquillement. C'est après avoir lu un long moment qu'elles se décident à rentrer ensemble vers l'appartement familial.

Vers 19h30, elles passent la porte. Florence, surprise, leur demande ce qu'elles ont fait pendant tout ce temps ! Et elle est bien contente de constater que sa fille s'est fait une nouvelle amie avec laquelle elle aime passer du temps simplement.

a very "cocoon" atmosphere, in a café with soft background music, they savor a hot chocolate and read quietly. After reading for a long time, they decide to return together to the family apartment.

At around 7.30pm, they pass through the door. Florence, surprised, asks them what they've been doing all this time! And she's delighted to see that her daughter has made a new friend with whom she enjoys spending some quality time.

Questions (Chapitre 10)

1. Qu'est-ce que c'est Fourvière ?
a) Un musée
b) Une basilique
c) Un restaurant
d) Un théâtre

2. Qu'est-ce qu'on trouve à la rue Saint Jean ? (plusieurs réponses possibles)
a) Des restaurants
b) Des friperies
c) Des cafés
d) Des boutiques de souvenirs

3. Comme les filles montent à Fourvière ?
a) En métro
b) En bus
c) À pied
d) En funiculaire

4. Que pense Clara de la basilique de Fourvière ? (plusieurs réponses possibles)
a) Qu'elle est belle
b) Qu'elle est très petite
c) Qu'elle est très chargé de décors
d) Qu'elle est très ancienne

5. À quelle heure Clara et Céline rentrent-elles chez elles après leur sortie du dimanche ?
a) À 19h
b) À 18h
c) À 18h30
d) À 19h30

Questions (Chapter 10)

1. What is Fourvière?
a) A museum
b) A basilica
c) A restaurant
d) A theater

2. What's on rue Saint Jean? (several answers possible)
a) Restaurants
b) Thrift shops
c) Cafés
d) Souvenir stores

3. How do girls get up to Fourvière?
a) By metro
b) By bus
c) On foot
d) By funicular

4. What does Clara think of the Fourvière basilica? (several answers possible)
a) It's beautiful
b) It's very small
c) It's full of decorations
d) It's very old

5. What time do Clara and Céline go home after their Sunday outing?
a) 7:00 pm
b) 6:00 pm
c) 6:30 pm
d) 7:30 pm

Bonus 1
Recette de la galette des rois, tradition de l'Épiphanie

Ingrédients

- 2 pâtes feuilletées
- 125 gr de poudre d'amandes
- 3 œufs (dont un pour la dorure, à la fin)
- 100 gr de beurre
- 100 gr de sucre

Élaboration

1. Dans un saladier, mélangez le beurre ramolli (il ne doit pas être fondu) avec le sucre en poudre et la poudre d'amande. Ajoutez les 2 œufs et mélangez bien, le mélange doit être homogène.
2. Déroulez une pâte feuilletée sur une plaque recouverte de papier sulfurisé. À l'aide d'un pinceau, humidifiez les bords de la pâte sans déborder vers l'extérieur.
3. Répartissez la crème d'amande au centre de la pâte. C'est le moment de cacher la fève.
4. Déposez délicatement une seconde pâte feuilletée sur la première. Appuyez sur les bords de la galette avec les doigts pour qu'ils adhèrent bien, puis repliez-les vers l'intérieur pour fermer.
5. Mélangez un œuf avec une cuillère à café de lait, puis recouvrez la galette de ce mélange, pour la faire dorer au four.
6. Avec la pointe d'un couteau, dessinez délicatement des diagonales sur la galette, ou tout autre forme (épis, couronne, etc). Enfournez à 240°C pendant 10 minutes, puis baissez la température à 180°C pour les 20 dernières minutes de cuisson.

Bonus 1
Recipe of king's cake, tradition of Epiphany

Ingredients

- 2 puff pastries
- 125 g / 4 oz almond powder
- 3 eggs (one for glazing at the end)
- 100 g / 3.5 oz butter
- 100 g / 3.5 oz sugar

Preparation

1. In a bowl, mix the softened butter (it must not be melted) with the powdered sugar and almond powder. Add the 2 eggs and mix well, until the mixture is smooth.
2. Roll out the puff pastry on a baking sheet lined with parchment paper. Using a pastry brush, moisten the edges of the pastry, without spreading outwards.
3. Spread the almond cream in the center of the pastry. Now it's time to hide the bean.
4. Carefully place a second puff pastry on top of the first. Press the edges of the galette with your fingers to ensure they adhere well, then fold them inwards to close.
5. Mix an egg with a teaspoon of milk, then cover the galette with this mixture, to brown in the oven.
6. With the tip of a knife, delicately draw diagonal lines on the galette, or any other shape (ears of corn, crown, etc.). Bake at 240°C / 475°F for 10 minutes, then lower the temperature to 180 °C / 350°F for the final 20 minutes.

Bonus 2
Clara's Book 2 in the series
Chapter 1: Reprise sérieuse des cours

Le mois de février **commence**... Déjà un mois ! Et la fac reprend **maintenant** très sérieusement. Ce lundi matin de la première semaine de février, Clara a deux cours avec Valentine. Elles ont des cours magistraux le **matin**, en amphithéâtre. L'après-midi, elles n'ont qu'un TD (travaux dirigés). Elles profitent de l'après-midi libre pour aller étudier à la bibliothèque de l'Université. Les deux amies ont déjà pris leurs **habitudes** : elles passent d'abord à la photocopieuse pour copier les cours de Valentine, et ensuite elles vont à la BU – bibliothèque universitaire. Clara **prend** beaucoup de notes, mais c'est encore trop **difficile** pour elle d'écouter et noter **en même temps** pendant les cours. Surtout avec un vocabulaire technique. Les dates, aussi, restent difficiles. Heureusement, Valentine écrit bien et vite ! C'est une grande aide pour Clara et elle est très **reconnaissante**.

À la BU, elles prennent un café chacune et elles s'installent dans un coin calme. Clara adore cette ambiance studieuse. Et la bibliothèque est belle, avec de très grandes fenêtres et une vue sur le fleuve. Pour emprunter un livre, il faut présenter sa carte d'étudiant, et parfois sa carte d'identité quand c'est un livre **rare** : « comme ça, il n'y a pas de risque de vol ! » **explique** Valentine à Clara.

Commencer (verbe) : to start
Maintenant (adverbe) : now, immediately
Matin (m) (nom commun) : morning
Habitude (f) (nom commun) : habit
Prendre (verbe) : to take
Difficile (adjectif) : difficult, hard
En même temps (locution adverbiale) : at the same time
Reconnaissant (adjectif) : grateful
Rare (adjectif) : rare, uncommon
Expliquer (verbe) : to explain

Comme elles sont en première année de fac, elles **apprennent** à faire des recherches. C'est **beaucoup** de travail pour Clara qui doit à la fois travailler avec son dictionnaire, son **livre** de grammaire et **ses** livres d'histoire de l'art. Quand le sujet la passionne, ça va, mais quand le sujet est un peu **ennuyeux**, c'est plus compliqué. Ce qu'elle préfère, ce sont les cours d'archéologie, et aussi ceux sur l'histoire de l'art africain. Ce qui l'ennuie **terriblement**, ce sont les cours d'architecture. Apprendre par cœur le vocabulaire des éléments architecturaux en français, quel ennui ! Mais elle s'accroche, car elle veut vraiment avoir de bonnes notes. Elle fait des dessins dans ses cahiers pour s'aider à **mémoriser**, elle écrit des listes de vocabulaire, dessine des frises chronologiques…

Quand elles sont fatiguées, Valentine propose à Clara d'aller boire un chocolat chaud dans un café du centre. Clara **accepte** avec plaisir et elle envoie un texto à Céline pour lui proposer de les rejoindre. Céline est souvent libre un peu plus tard le lundi. Elle les rejoint donc, une heure **après**, avec Max, qui a fini sa journée de travail. Anouk, la copine de Max, les rejoint également un peu plus tard. Anouk et Max sont beaux ensemble, et Clara se dit encore une fois qu'elle est un peu **déçue**… C'est vrai qu'elle aime bien Max, il est grand, il a l'air **gentil** et il est très beau et très drôle. Il a de grands yeux bleus pétillants, un large sourire, de belles mains… Mais Anouk est très sympa et très jolie aussi ! Clara fait de son mieux pour ne pas s'intéresser à Max, alors elle passe du temps à discuter **avec** Anouk.

Apprendre (verbe) : to learn
Beaucoup (adverbe) : a lot
Livre (m) (nom commun) : book
Ses (adjectif possessif) : his, her
Ennuyeux (adjectif) : boring

Terriblement (adverbe) : terribly
Mémoriser (verbe) : to memorize
Accepter (verbe) : to accept
Après (préposition) : after
Déçu (adjectif) : disappointed
Gentil (adjectif) : kind
Avec (préposition) : with

Elle s'est souvenue qu'Anouk **étudie** les lettres modernes, alors elle engage la **discussion** sur ce sujet.

« **Pourquoi** as-tu choisi la littérature pour tes études ? lui demande-t-elle.

- Pour être honnête, c'est **surtout** par défaut ! lui répond Anouk, en riant.

- Par défaut, qu'est-ce que ça veut dire ?

- Alors, faire quelque chose par défaut, ça **signifie** que tu n'as pas trouvé d'autre alternative. En gros, je ne savais pas quoi faire après le bac. Et j'aime lire, je lis beaucoup. J'ai toujours eu de bonnes notes en français, alors **voilà** ! explique Anouk. Et toi, pourquoi l'histoire de l'art ? demande-t-elle en retour.

- Franchement, c'est un peu pareil, répond Clara. J'aime beaucoup l'art, voilà tout !

- Et, tu sais ce que tu aimerais faire plus tard, comme métier ? demande encore Anouk.

- Tu veux dire, comme profession ? Vraiment, je suis encore un peu **perdue** à ce niveau-là. Je voulais faire de la communication, mais je **veux** avoir une solide culture générale avant de commencer le cursus de communication. Alors j'ai **pensé** que l'histoire de l'art serait un bon début, ajoute Clara. »

Étudier (verbe) : to study
Discussion (f) (nom commun) : discussion, talk
Pourquoi (adverbe) : why
Surtout (adverbe) : especially
Signifier (verbe) : to mean
Voilà (adverbe) : that is, this is (reason)
Perdu (adjectif) : lost

Vouloir (verbe) : to want
Penser (verbe) : to think

Les deux jeunes femmes discutent assez **longuement** de leurs passions : la littérature, l'art, mais aussi les voyages qu'elles voudraient faire, les autres cultures qui les intéressent. L'Université leur ouvre l'esprit, et chacun pense que faire des études est une chance immense. Après un certain temps, Max, Valentine et Céline rejoignent le **débat**. Ensemble, ils parlent de leurs projets et de leurs rêves. Max **rêve** d'aller vivre quelque temps au Chili, en Amérique latine. Anouk est un peu étonnée, elle ne savait pas. Céline parle de son projet d'aller **rencontrer** la famille de Clara aux États-Unis, et de voyager au Canada. Valentine, elle, rêve d'Italie et de châteaux. Comme Clara n'a **jamais** visité de châteaux, Valentine et Céline lui disent qu'il faudra visiter les châteaux de la Loire pendant son **séjour**…

Sur **cette** belle discussion, Clara et Céline décident qu'il est temps de rentrer à la maison. C'est encore lundi, et la semaine va être longue ! Valentine dit au revoir et à demain à Clara, chacun se fait la bise, Anouk donne son numéro de téléphone à Clara, et les deux copines rentrent tranquillement pour le **dîner**.

Pour elles, c'est un peu les premières sorties indépendantes. Bien sûr, elles ne rentrent pas tard, et il y a des adultes pour les **accueillir**. Mais c'est aussi la **première** fois qu'elles discutent d'avenir, de rêves et de projets. Elles se sentent **libres** et heureuses. En plus, comme c'est confortable d'avoir un dîner préparé en rentrant !

Longuement (adverbe) : at length, for a long time
Débat (m) (nom commun) : debate
Rêver (verbe) : to dream
Rencontrer (verbe) : to meet
Jamais (adverbe) : never
Séjour (m) (nom commun) : stay
Cette (adjectif démonstratif) : that, this
Dîner (m) (nom commun) : dinner
Accueillir (verbe) : to welcome
Première (f) (nom commun) : first
Libre (adjectif) : free

Questions (Bonus 2)

1. Quand les cours de la fac reprennent-ils ?
a) L'après-midi
b) En février
c) Le lundi matin
d) Un lundi matin, la première semaine de février

2. Qu'est-ce que Clara et Valentine aiment boire à la bibliothèque ?
a) Du thé
b) Du café
c) De l'eau
d) Un chocolat chaud

3. En quelle année de fac Clara et Valentine sont-elles ?
a) En première année
b) En deuxième année
c) En troisième année
d) En quatrième année

4. Qui est la petite amie de Max ?
a) Clara
b) Valentine
c) Anouk
d) Max n'a pas de petite amie

5. Où Max rêve-t-il d'aller vivre ?
a) Au Pérou
b) En France
c) En Argentine
d) Au Chili

(Bonus 2)
1. Reprise sérieuse des cours

Le mois de février commence… Déjà un mois ! Et la fac reprend maintenant très sérieusement. Ce lundi matin de la première semaine de février, Clara a deux cours avec Valentine. Elles ont des cours magistraux le matin, en amphithéâtre. L'après-midi, elles n'ont qu'un TD (travaux dirigés). Elles profitent de l'après-midi libre pour aller étudier à la bibliothèque de l'Université. Les deux amies ont déjà pris leurs habitudes : elles passent d'abord à la photocopieuse pour copier les cours de Valentine, et ensuite elles vont à la BU – bibliothèque universitaire. Clara prend beaucoup de notes, mais c'est encore trop difficile pour elle d'écouter et noter en même temps pendant les cours. Surtout avec un vocabulaire technique. Les dates, aussi, restent difficiles. Heureusement, Valentine écrit bien et vite ! C'est une grande aide pour Clara et elle est très reconnaissante.

À la BU, elles prennent un café chacune et elles s'installent dans un coin calme. Clara adore cette ambiance studieuse. Et la bibliothèque est belle, avec de très grandes fenêtres et une vue sur le fleuve. Pour emprunter un livre, il faut présenter sa carte d'étudiant, et parfois sa carte d'identité quand

(Bonus 2)
1. Serious resumption of classes

February begins... One month already! And college is now back in earnest. On this Monday morning in the first week of February, Clara has two classes with Valentine. In the morning, they have lectures in the amphitheatre. In the afternoon, they only have a tutorial. They take advantage of their free afternoons to study in the university library. The two friends have already established their habits: first they go to the photocopier to copy Valentine's lectures, and then they go to the BU - the university library. Clara takes a lot of notes, but it's still too difficult for her to listen and write down at the same time during lectures. Especially with technical vocabulary. Dates, too, remain difficult. Fortunately, Valentine writes well and quickly! She's a great help to Clara, and she's very grateful.

At BU, they each have a coffee and settle down in a quiet corner. Clara loves this studious atmosphere. And the library is beautiful, with very large windows and a view of the river. To borrow a book, you have to show your student card, and sometimes your identity card when it's a rare book: "that way, there's no risk of

c'est un livre rare : « comme ça, il n'y a pas de risque de vol ! » explique Valentine à Clara.

Comme elles sont en première année de fac, elles apprennent à faire des recherches. C'est beaucoup de travail pour Clara qui doit à la fois travailler avec son dictionnaire, son livre de grammaire et ses livres d'histoire de l'art. Quand le sujet la passionne, ça va, mais quand le sujet est un peu ennuyeux, c'est plus compliqué. Ce qu'elle préfère, ce sont les cours d'archéologie, et aussi ceux sur l'histoire de l'art africain. Ce qui l'ennuie terriblement, ce sont les cours d'architecture. Apprendre par cœur le vocabulaire des éléments architecturaux en français, quel ennui ! Mais elle s'accroche, car elle veut vraiment avoir de bonnes notes. Elle fait des dessins dans ses cahiers pour s'aider à mémoriser, elle écrit des listes de vocabulaire, dessine des frises chronologiques...

Quand elles sont fatiguées, Valentine propose à Clara d'aller boire un chocolat chaud dans un café du centre. Clara accepte avec plaisir et elle envoie un texto à Céline pour lui proposer de les rejoindre. Céline est souvent libre un peu plus tard le lundi. Elle les rejoint donc, une heure après, avec Max, qui a fini sa journée de travail. Anouk, la copine de Max, les rejoint également un peu plus tard. Anouk et Max sont beaux ensemble, et Clara se dit encore

theft!" explains Valentine to Clara.

As they're in their first year of university, they're learning how to do research. It's a lot of work for Clara, who has to work with her dictionary, her grammar book and her art history books. When the subject fascinates her, it's fine, but when it's a bit boring, it's more complicated. Her favorite subjects are archaeology and the history of African art. What bores her terribly are the architecture classes. Learning by heart the vocabulary of architectural elements in French - what a bore! But she persists, because she really wants to get good grades. She draws pictures in her notebooks to help her memorize, she writes vocabulary lists, draws timelines...

When they get tired, Valentine suggests that Clara go for a hot chocolate at a café in the center. Clara gladly accepts, and texts Céline to ask her to join them. Céline is often free a little later on Mondays. So, an hour later, she joins them with Max, who has finished his day's work. Max's girlfriend Anouk also joins them a little later. Anouk and Max look good together, and Clara once again thinks she's a little disappointed... She does like Max, he's tall, he seems nice

une fois qu'elle est un peu déçue… C'est vrai qu'elle aime bien Max, il est grand, il a l'air gentil et il est très beau et très drôle. Il a de grands yeux bleus pétillants, un large sourire, de belles mains… Mais Anouk est très sympa et très jolie aussi ! Clara fait de son mieux pour ne pas s'intéresser à Max, alors elle passe du temps à discuter avec Anouk.

Elle s'est souvenue qu'Anouk étudie les lettres modernes, alors elle engage la discussion sur ce sujet.

« Pourquoi as-tu choisi la littérature pour tes études ? lui demande-t-elle.

- Pour être honnête, c'est surtout par défaut ! lui répond Anouk, en riant.

- Par défaut, qu'est-ce que ça veut dire ?

- Alors, faire quelque chose par défaut, ça signifie que tu n'as pas trouvé d'autre alternative. En gros, je ne savais pas quoi faire après le bac. Et j'aime lire, je lis beaucoup. J'ai toujours eu de bonnes notes en français, alors voilà ! explique Anouk. Et toi, pourquoi l'histoire de l'art ? demande-t-elle en retour.

- Franchement, c'est un peu pareil, répond Clara. J'aime beaucoup l'art, voilà tout !

- Et, tu sais ce que tu aimerais faire plus tard, comme métier ? demande

and he's very handsome and funny. He has big sparkling blue eyes, a broad smile and beautiful hands… But Anouk is very nice and very pretty too! Clara does her best not to be interested in Max, so she spends some time chatting with Anouk.

She's remembered that Anouk studies modern literature, so she starts a discussion on the subject.

"Why did you choose literature for your studies? she asks.

- To be honest, it's mostly by default! Anouk replies, laughing.

- By default, what does that mean?

- Well, doing something by default means that you haven't found any other alternative. Basically, I didn't know what to do after high school. And I like to read, I read a lot. I've always got good marks in French, so there you go! explains Anouk. And why art history? she asks in return.

- Frankly, it's a bit the same thing, replies Clara. I just love art, that's all!

- And do you know what you'd like to do later on, as a profession? asks

encore Anouk.

- Tu veux dire, comme profession ? Vraiment, je suis encore un peu perdue à ce niveau-là. Je voulais faire de la communication, mais je veux avoir une solide culture générale avant de commencer le cursus de communication. Alors j'ai pensé que l'histoire de l'art serait un bon début, ajoute Clara. »

Les deux jeunes femmes discutent assez longuement de leurs passions : la littérature, l'art, mais aussi les voyages qu'elles voudraient faire, les autres cultures qui les intéressent. L'Université leur ouvre l'esprit, et chacun pense que faire des études est une chance immense. Après un certain temps, Max, Valentine et Céline rejoignent le débat. Ensemble, ils parlent de leurs projets et de leurs rêves. Max rêve d'aller vivre quelque temps au Chili, en Amérique latine. Anouk est un peu étonnée, elle ne savait pas. Céline parle de son projet d'aller rencontrer la famille de Clara aux États-Unis, et de voyager au Canada. Valentine, elle, rêve d'Italie et de châteaux. Comme Clara n'a jamais visité de châteaux, Valentine et Céline lui disent qu'il faudra visiter les châteaux de la Loire pendant son séjour…

Sur cette belle discussion, Clara et Céline décident qu'il est temps de rentrer à la maison. C'est encore lundi, et la semaine va être longue !

Anouk again.

- You mean, like a profession? Really, I'm still a bit confused about that. I wanted to do communications, but I want to have a solid general culture before I start the communications course. So I thought art history would be a good start, adds Clara."

The two young women talk at some length about their passions: literature, art, but also the trips they'd like to take, the other cultures that interest them. The University opens their minds, and each thinks that studying is a great opportunity. After a while, Max, Valentine and Céline join the debate. Together, they talk about their plans and dreams. Max dreams of spending some time in Chile, in Latin America. Anouk is a little surprised, she didn't know. Céline talks about her plans to meet Clara's family in the United States, and to travel to Canada. Valentine, for her part, dreams of Italy and castles. As Clara has never visited a chateau, Valentine and Céline tell her that she'll have to visit the chateaux of the Loire Valley during her stay…

On this discussion, Clara and Céline decide it's time to go home. It's still Monday, and it's going to be a long week! Valentine says goodbye and

Valentine dit au revoir et à demain à Clara, chacun se fait la bise, Anouk donne son numéro de téléphone à Clara, et les deux copines rentrent tranquillement pour le dîner.	see you tomorrow to Clara, everyone gives each other a kiss, Anouk gives Clara her phone number, and the two friends head home for dinner.
Pour elles, c'est un peu les premières sorties indépendantes. Bien sûr, elles ne rentrent pas tard, et il y a des adultes pour les accueillir. Mais c'est aussi la première fois qu'elles discutent d'avenir, de rêves et de projets. Elles se sentent libres et heureuses. En plus, comme c'est confortable d'avoir un dîner préparé en rentrant !	For them, it's their first independent outing. Of course, they don't come home late, and there are adults to welcome them. But it's also the first time they've discussed the future, their dreams and plans. They feel free and happy. What's more, how comfortable it is to have dinner ready when they get home!

Questions (Bonus 2)

1. Quand les cours de la fac reprennent-ils ?
a) L'après-midi
b) En février
c) Le lundi matin
d) Un lundi matin, la première semaine de février

2. Qu'est-ce que Clara et Valentine aiment boire à la bibliothèque ?
a) Du thé
b) Du café
c) De l'eau
d) Un chocolat chaud

3. En quelle année de fac Clara et Valentine sont-elles ?
a) En première année
b) En deuxième année
c) En troisième année
d) En quatrième année

4. Qui est la petite amie de Max ?
a) Clara
b) Valentine
c) Anouk
d) Max n'a pas de petite amie

5. Où Max rêve-t-il d'aller vivre ?
a) Au Pérou
b) En France
c) En Argentine
d) Au Chili

Questions (Bonus 2)

1. When do college classes resume?
a) In the afternoon
b) In February
c) Monday morning
d) On a Monday morning, the first week of February

2. What do Clara and Valentine like to drink in the library?
a) Tea
b) Coffee
c) Water
d) Hot chocolate

3. What year of college are Clara and Valentine in?
a) First year
b) Second year
c) Third year
d) Fourth year

4. Who is Max's girlfriend?
a) Clara
b) Valentine
c) Anouk
d) Max doesn't have a girlfriend

5. Where does Max dream of going to live?
a) Peru
b) France
c) Argentina
d) Chile

ANSWERS

Chapter 1
1 : b
2 : d
3 : c
4 : a
5 : c

Chapter 2
1 : d
2 : a, b
3 : b
4 : d
5 : c

Chapter 3
1 : a, b, c
2 : b
3 : d
4 : b, d
5 : a

Chapter 4
1 : c
2 : c
3 : b, c, d
4 : a, d
5 : b

Chapter 5
1 : b, c
2 : d
3 : c
4 : b
5 : a, d

Chapter 6
1 : b, c
2 : d
3 : a
4 : b
5 : c, a, d, b

Chapter 7
1 : a, b, c
2 : b, c
3 : c
4 : a, c
5 : d

Chapter 8
1 : b
2 : a, c
3 : b, c, d
4 : d
5 : a

Chapter 9
1 : c
2 : a
3 : d
4 : d
5 : b

Chapter 10
1 : b
2 : a, b, c, d
3 : c
4 : a, c
5 : d

Bonus 2 - Chapter 1
1 : d
2 : b
3 : a
4 : c
5 : d

Download the Audiobook & PDF below!

www.ingramcontent.com/pod-product-compliance
Lightning Source LLC
Chambersburg PA
CBHW070047230426
43661CB00005B/795